KB239284

딸!
아들!
딸!

딸!
아들!
딸!
아들!
!!!!

딸!
딸!

역사가 쉬워지는

우리 문화 교과서

역사가 쉬워지는 우리 문화 교과서

글 김경선 | 그림 선원

차 례

•

아기가 태어났어요!

태몽으로 맞은 아기 · 10

할머니, 할머니, 삼신할머니 · 14

아기가 태어난 표시, 금줄 · 18

헌 게 좋아, 배냇저고리 · 22

미역은 꺾으면 안 돼 · 26

100사람과 나누는 백일 떡 · 30

아기 미래 점치는 돌잡이 · 34

아이야, 훈장님 모셔라 · 38

어른이 되기 위한 들돌들기 · 42

삼촌이 장가간대요!

귀하디귀한 사주단자 · 48

사모관대 입고, 연지 곤지 찍고 · 51

기러기처럼만 살아라 · 56

하늘의 인연을 맺는 혼례식 · 59

첫날밤의 창호지 뚫기 · 64

새해맞이 야광 쫓기 · 70

아홉 번씩 일하는 작은 보름 · 73

귀밝이술을 마시자 · 76

까치밥 주기 · 79

복 들어오는 복엿 먹기 · 83

불놀이야! 쥐불놀이! · 86

보름달 아래 다리밟기 · 89

고생했네, 머슴날 · 93

대추나무 시집보내기 · 96

풍악을 울리며 호미씻이 · 100

소먹이놀이와 거북이놀이 · 104

자고 입고 먹기, 그게 사는 거래요

눈밭에서도 빠지지 않는 설피 • 110

도롱이 위로 빗물이 도로롱 • 113

얼굴을 가리는 장옷 • 116

처녀 총각은 댕기 머리 • 119

경쾌한 다듬이질 소리 • 122

코를 닮은 벽난로, 고콜 • 126

똥장군도 장군일까? • 129

냉장고가 필요 없는 나무김칫독 • 132

빙글빙글 도리깨 • 135

할아버지가 돌아가셨어요

저승사자님, 사잣밥 드세요 · **140**

만가 부르며 떠나는 상여 · **144**

친구를 보내며 쓴 만장 · **148**

긴긴 슬픔, 3년상 · **151**

조상을 모시는 제사 · **154**

우리 집에 귀신이 살아요

우리 집 최고 귀신, 성주 · **160**

부엌의 우두머리, 조왕신 · **163**

집터를 지키는 터줏대감 · **166**

마을 지킴이, 솟대와 장승 · **169**

고수레! 고수레! · **173**

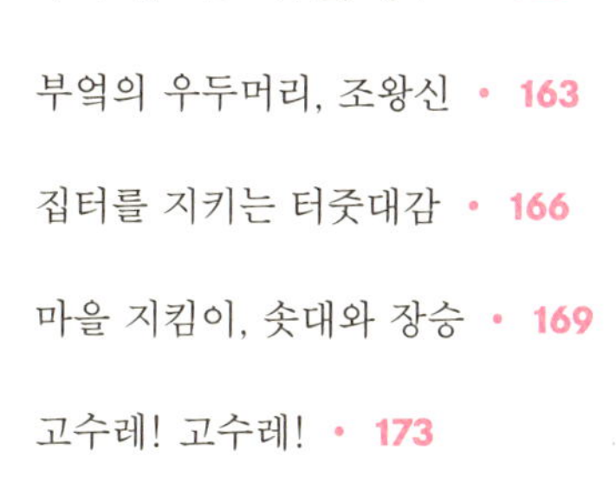

아기가 태어났어요!

안녕, 내 이름은 문돌이야. 우리나라 문화를 무지무지 좋아하는 문화 지킴이지. 너희들은 모르는 우리 전통의 비밀 문화를 많이 알고 있어. 앞으로 내가 재미있는 우리의 비밀 문화를 너희에게 소개해 줄게.

이제 나는 개똥이네 집에 갈 거야. 개똥이가 누구냐고? 바로 조선 시대에 사는 내 친구지. 언젠가부터 개똥이 어머니 배가 커다란 박을 넣은 것처럼 둥글게 부풀어 올랐어.

걸을 때도 뒤뚱뒤뚱 걸으신다니까. 뒤에서 보고 있으면 얼마나 우스운지 몰라. 그 둥근 배 속에 아기가 있대.

이제 얼마 있으면 아기가 태어나. 개똥이네 가족들은 즐겁게 아기를 맞을 준비를 하고 있어. 글쎄, 무슨 커다란 비밀처럼 아이들한테는 입도 뻥끗 안 하고 몰라도 된다고만 하신다니까.

이제부터 집안에서 일어나는 일을 하나도 빠짐없이 모두 살펴볼 생각이야. 자, 한번 날 따라와 볼래?

태몽으로 맞은 아기

나는 매일매일 꿈을 꿔. 끝없이 달리기도 하고, 그러다 높은 낭떠러지에서 비명을 지르며 떨어지기도 해. 그런 꿈을 꾸면 너무 놀라 잠에서 깨게 돼. 깨어난 후에는 휴우 긴 숨을 쉬고, 진짜가 아니라 꿈이었구나 하고 안심하지.

며칠 전 개똥이네 어머니도 태몽을 꾸셨대. 태몽은 내가 꾸는 꿈과는 완전히 다른 거래. 바로 아기가 생길 거라고 미리 알려 주는 꿈이기 때문이지. 아기를 갖는 것도 신기한데, 그걸 꿈으로 알려 주다니 정말 신기할 뿐이야.

어른들은 태몽을 꾸면 아기가 오겠구나 하고 미리 준비를 한대. 어떤 아기가 올지 짐작하기도 하고 말이야.

아들!
!!!!
딸!

어른들은 태몽 꾸는 것을 아주 중요하게 생각해. 신사임당도 이율곡 선생을 갖기 전에 태몽을 꾸었어. 신사임당이 꾼 태몽은 지금까지 전해지고 있어. 훌륭한 인물이 나타날 것을 하늘이 일찌감치 꿈으로 알려 줬다고들 하지.

꿈에 동해의 신선이 신사임당을 찾아왔다고 해. 신선의 품에는 귀하게 생긴 남자 아기가 있었어. 신선은 그 아기를 신사임당의 품에 안겨 주었지. 아기한테서 어찌나 밝은 빛이 나는지 신사임당은 감히 쳐다볼 수가 없었어. 그때 신사임당은 근처 언니네 집에 있었는데, 부랴부랴 집으로 돌아가 아기를 가졌어. 좋은 태몽을 꾸었으니 반드시 임신을 하려고 했던 거야.

어때, 이율곡 선생과 잘 어울리는 태몽이지? 신사임당은 이율곡 선생을 낳을 때도 신비로운 꿈을 꿨어. 신사임당이 자고 있는데, 검은 용한 마리가 큰 바다에서 나오더니 신사임당의 품으로 들어온 거야. 신사임당은 그 모습에 깜짝 놀라 잠에서 깨었고, 그날 이율곡 선생이 태어났대.

이율곡 생가 오죽헌 : 신사임당은 이율곡을 가졌을 때와 낳을 때 아주 신비한 꿈을 꾸었다.

  예부터 사람들은 아주 귀하고 소중한 일은 하늘이 하는 일이라고 믿었어. 아기를 낳는 것도 우리의 의지로 이룰 수 있는 일이 아니라고 생각했지. 모두 하늘의 뜻이라고 말이야. 그래서 태몽을 더욱 믿고 의지했던 거야.

  사실 태몽에는 아기가 무사히 태어나서 자라나길 바라는 간절한 마음이 고스란히 담겨 있어. 아기를 낳는다는 것은 예나 지금이나 너무나 중요한 일이니까.

할머니, 할머니, 삼신할머니

태몽을 꾸신 개똥이 어머니는 며칠 전부터 깨끗한 물을 떠 놓고 삼신
할머니에게 기도를 드리고 계셔. 삼신할머니가 누구냐고? 삼신할머니
는 우리 외할머니도, 친할머니도 아니야. 사람들이 아기를 낳고 키울 때
의지하는 신이지.

사람들은 옛날부터 아기를 잘 낳아 키우는 일을 모두 삼신할머니
가 맡아서 돌봐 준다고 믿었어. 아기를 갖고 싶은 여자들은 삼신할머
니에게 정성껏 기도했지. 삼신할머니가 아기를 점지해 준다고 믿었기
때문이야.

삼신할머니에 대해 전해 오는 이야기도 많아. 그중에서 내가 알고 있
는 재미있는 이야기를 하나 들려줄게.

옛날에 어떤 여인이 아기를 갖지 못해 삼신할머니에게 빌고 빌었어.
그 기도 덕분이었는지 여인은 아기를 갖게 되었지. 그렇게 열 달이 지나
아기 낳을 때가 되었어.

어째신지 아기가 도통 나올 생각을 하지 않는 거야. 여인이 갖은 애를

썼는데도 아기는 나오지 않았어. 여인은 다시 삼신할머니를 부르며 간
절하게 기도했어. 제발 빨리 아기를 낳게 해 달라고 말이야.

삼신할머니는 여인의 기도를 모른 체하지 않았어. 빨리 나가라고 배
속 아기를 툭 쳤지. 여인은 그 덕분에 딸을 낳았어.

그런데 말이야, 그 아기는 원래 아들이었대. 삼신할머니가 아기를 툭
치는 바람에 고추가 떨어져서 딸로 태어났다지 뭐야.

이 이야기를 통해 사람들이 아기의 성별까지 삼신할머니가 정한다고

믿었다는 것을 알 수 있어. 배 속 아기가 아들인지 딸인지 사람들 마음대로 정할 수 없으니까 삼신할머니라는 신이 정해 준다고 믿은 거야.

그렇다면 정말 삼신할머니가 있을까? 조선 시대나 그 이전 시대에는 병원도 약도 흔하지 않았어. 아기를 낳을 때나 키우면서 아기가 죽는 일이 많았지. 이때 아기 어머니가 할 수 있는 일은 아기를 잘 돌보며 정성껏 기도를 하는 것밖에 없었어. 그러니 어머니의 기도를 들어줄 신이 필요했던 게 아닐까?

어머니들은 평소에도 방 한쪽 구석에 삼신단지를 두고 자식이 건강하게 잘 자라기를 빌었어. 삼신단지란 한지로 고깔 모양을 만들어 씌우고, 그 안에 쌀을 담아 둔 단지를 말해.

집안마다 조금씩 다른 모습이었지만, 삼신할머니에게 정성을 드리는 모습은 다 같았어. 삼신할머니를 모시는 건 생명을 소중히 여기고, 자식을 사랑하는 부모의 큰마음인 거야.

아기가 태어난 표시, 금줄

으앙, 응애 응애!

오늘 아침, 드디어 개똥이 동생이 태어났어. 개똥이네 집 대문 앞에는 노란 금줄이 걸렸지. 금줄이라니까 금으로 만든 줄이냐고? 하하, 그런 게 아니야. '금한다', '하지 마라'는 뜻의 한자 '금할 금(禁)'이 들어가서 금줄이라고 해.

금줄은 새끼줄에 다른 물건을 끼워서 만들어. 개똥이 아버지도 아침부터 입이 귀에 걸려서는 새끼를 꼬아 금줄을 만드셨어.

이렇게 아기가 태어나면 그 집에서는 대문 앞에 금줄을 달아. 아기는 아직 약하기 때문에 여러 사람이 드나들면 병에 걸리기 쉬워서 사람들의 출입을 막는 거야.

그렇다고 무조건 오지 말라고 하면 서로 기분 상할 거 아니겠어? 그래서 금줄을 달아서 '우리 집에 아기가 태어났으니 조심해 주세요.' 하고 알리는 거지. 그러면 사람들은 아기가 태어난 걸 축하도 해 주고, 아기가 태어난 집이라며 함부로 드나들지도 않았어. 참 현명한 방법이지?

개똥이 아버지는 짚으로 새끼줄을 꼬며 사이사이 숯과 고추를 끼워 금줄을 만드셨어. 그건 아들을 낳았다는 표시거든.

 "아이고, 아들 낳았네, 아들 낳았어."

 "그걸 어떻게 알았대요?"

 "금줄 보면 알지. 숯은 부정을 막느라고 꽂았고, 고추는 아들이 잖아."

 "아하! 그럼 딸을 낳으면 뭘 금줄에 꽂아요?"

 "딸을 낳으면 숯과 솔가지를 꽂지. 솔가지는 딸을 뜻하거든."

 아들을 낳으면 금줄에 고추를 꽂았다

특히 금줄을 친 집에 들어가선 안 되는 사람이 있어. 바로 상갓집에 다녀온 사람이야. 어른들은 장례식을 치른 상갓집에 갔던 사람이 아기 낳은 집에 들어서면 그때부터 아기가 울고 보챈다고 생각하거든. 혹은 아기를 낳은 산모가 아프다고도 하지.

상갓집에는 많은 사람이 오고 가게 마련이니까, 이곳에 다녀온 사람은 아무래도 병균을 옮아 올 가능성이 높지 않겠어? 그래서 이런 사람들의 출입을 더더욱 막은 것 같아.

아무튼 금줄로 마을 사람들에게 아기를 건강하게 잘 낳았다는 소식을 알리고, 마을 사람들은 그걸 보고 축하해 주었으니 참 정겨운 일이야.

헌 게 좋아, 배냇저고리

개똥이 할머니가 옷장에서 낡고 작은 저고리를 꺼내셨어. 개똥이 동생에게 입힐 배냇저고리래. 배냇저고리는 아기가 태어나서 처음 입는 옷이야. 할머니께서 미리 만들어 두셨어. 어찌나 작은지 꼭 인형 옷 같아. 그런데 아주 새것처럼 보이지는 않아.

"새것이 다 좋은 건 아니야. 아기에게 새 천으로 옷을 해 입히면 좋지 않은 법이지. 이건 할아버지가 입던 저고리를 뜯어서 만들었어. 할아버지는 성품도 좋고 몸도 건강한 분이니까 아기에게도 그런 기운이 들라고 말이야."

할머니 손에 들린 배냇저고리가 좀 낡아 보이기는 하지만, 말씀을 듣고 보니 정말 귀한 것처럼 여겨지지 않니? 배내옷은 보통 할아버지나

아버지가 입던 옷으로 만드는데, 아랫도리가 아니라 윗도리로 만들어.
혹은 위에 형제가 입던 배냇저고리를 물려 입히기도 해. 그러면 형제간
에 우애가 좋아진다고 하거든.

아들의 배내옷은 물려줘도 딸 것은 물려 입히지 않는대. 아무래도 아직까지는 남자를 귀하게 여기는 남녀 차별 사상이 있으니까.

배냇저고리는 소매를 길게 만들어서 아기 손이 밖으로 나오지 않게 해. 이건 손으로 재주가 빠져나가기 때문에 막아야 한다고 생각해서 그런 거야. 아기가 손톱으로 제 얼굴을 할퀴는 걸 막기 위한 방법이기도 하지.

배냇저고리는 만들 때도 귀하게 만들지만, 다 입고 나서도 귀하게 보관을 했어. 부모는 아이가 어른이 될 때까지 배냇저고리를 소중히 간직하지. 배냇저고리에 어떤 효험이 있다고 믿기 때문이야.

사람들은 예부터 배냇저고리가 아이를 지켜 주고 행운을 가져다준다고 생각했어. 재판이 있을 때도 배냇저고리를 몸에 지니면 재판에서 이긴다고 했지. 배냇저고리를 가지고 있지 않은 사람은 남의 것이라도 빌려서 가져갔다고 해.

아까도 말했지만, 배냇저고리는 태어난 아기의 첫 옷이야. 그래서 더 특별하게 생각한 것 같아. 그 특별함이 좋은 기운을 줄 거라고 믿고서 말이야. 자라는 아이의 중요한 일마다 배냇저고리를 지니게 했으니, 정말 지극한 자식 사랑이지 뭐야.

미역은 꺾으면 안 돼

아기를 낳고 난 산모는 미역국을 먹었다.

동생을 낳고 난 뒤로 개똥이 어머니는 아침, 점심, 저녁 늘 미역국을 먹고 계셔. 어휴, 매일 똑같은 음식을 지겨워서 어떻게 먹는담!

그렇지만 아기를 낳은 산모는 미역국을 먹어야 한대. 미역에 피를 맑

게 하고 혈액 순환을 도와주는 성분
이 많이 들어 있기 때문이야.

산모는 딱딱한 음식도 매운 음식도 먹으면 안 된
대. 딱딱한 음식은 이를 상하게 하고, 매운 음식도 산모의
몸에 나쁘다고 하거든.

또 어머니가 먹는 음식은 어머니의 젖을 먹는 아기에게 그대
로 전해지기 때문에 조심해야 하는 거야.

어머니가 아기를 낳기 전, 할머니는 장에 가서 미역을 사오셨어. 그게
엄청나게 큰 미역이었어.

 “아이 키만큼이나 큰 미역을 그냥 메고 가는 걸 보니 저 집에 아기 낳
을 산모가 있는 모양이군.”

길에서 누군가 길쭉한 미역을 사 들고 가는 모습만 봐도 그 사람 집에
곧 아기를 낳을 임신부가 있다는 걸 척 알아볼 수가 있어. 산모에게 먹
일 미역은 절대 꺾는 법이 없거든.

만일 미역을 꺾으면 산모의 허리를 꺾는 것과 같아서 산모의 허리가
아프다고도 해. 미역을 꺾는 것이 아이의 운을 꺾는 일이라고도 하고.
그러니 누가 미역을 끊거나 꺾을 수 있겠어.

미역에는 산모의 피를 맑게 하고 혈액 순환을 도와주는 성분이 많이 있다.

미역과 관련해서 재미있는 일도 있어. 옛날 어떤 아이가 동생이 태어나면 어머니에게 해 주려고 사 놓은 미역을 찔끔찔끔 뜯어 먹었대.

보통 미역은 아기 낳기 전에 사다가 꺾이지 않게 걸어 두기 때문에 눈에 잘 뜨이거든. 아이가 심심풀이로 그 미역을 뜯어 먹은 거야. 그걸 보고 할머니가 노발대발 하셨어.

 "아이고, 이놈아! 네가 이 걸 뜯어 먹으면 네 동생이 이가 날 때쯤에 다른 사람 을 물어뜯는단다."

아니나 다를까, 태어난 아기는 이가 날 때쯤 다른 아이를
하도 물어서 골칫거리였다고 해. 사람들은 그 이유를 형
이 미역을 미리 뜯어 먹어서라고 했지.
　사실 막 이가 나는 아기들은 뭐든 잘 물어뜯
잖아. 다만 아기를 낳은 산모를 위해 정성
껏 준비한 미역을 아이들이 함부로 만지지 못하게 하려고 이런 이야기
를 만든 게 아닐까?

100사람과 나누는 백일 떡

개똥이 동생 막동이가 태어난 지 100일이 되었어. 참, 개똥이 동생 이름이 막동이라고 내가 이야기했던가? 할아버지가 지어 주셨어.

아무튼 옛날에는 아기가 태어나서 100일을 넘기지 못하고 죽는 집이 많아서 100일이 될 때까지 살아 있으면 아주 감사한 일로 여겼어. 당연히 아기의 100일을 기념하고 축하해 주었지.

개똥이네 집에서도 어른들이 바쁘게 백일 준비를 하셨어. 어머니는 백일상을 차렸는데, 여기에서 가장 중요한 건 역시 미역국과 밥이야.

미역국과 밥을 정성껏 차린 백일상을 먼저 삼신할머니에게 올렸지. 삼신할머니는 아기를 점지해 주었고, 앞으로 잘 돌봐 줄 존재니까 예를 갖추는 거야. 그러고 나서 어머니와 아버지는 식사를 하셨는데, 백일상에 있던 미역국은 어머니가 드셨어.

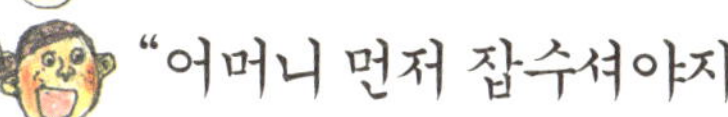

백일상에는 백설기와 수수팥떡, 미역국과 밥을 차렸다
[사진제공 _ 한국관광공사]

“삼신상에 올린 미역국은 아기 어미가 먹어야 한다. 그래야 아기 먹

일 젖이 잘 나오거든.”

내가 가장 기다리는 건 쫄깃쫄깃한 백설기야. 아기 백일에는 백설
기를 해서 나눠 먹거든. 백설기를 하는 건 아기가 백 살까지 장수하란
뜻이야. 하얀 백설기에서 김이 모락모락 나는 것이 어찌나 맛있어 보
이는지!

백설기는 온 마을 사람들과 나눠 먹을 거야. 백일에는 100사람과 떡
을 나눠 먹어야 아이가 건강하게 자란다고 하거든. 100사람과 나누기
위해 어머니는 짚 100개를 추려서 마련하셨어.

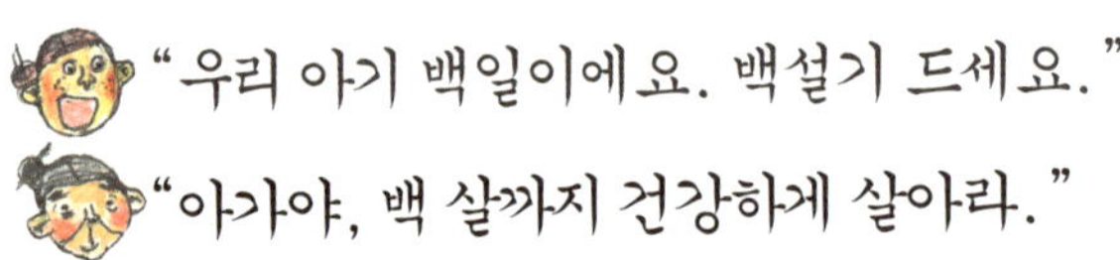

한 사람 한 사람에게 떡을 줄 때마다 어머니는 짚을 하나씩 버려서
100개를 모두 버렸어. 이렇게 짚을 버리면 나쁜 일을
없애는 것과 같아서 아기의 미래를 밝게 해 준다고
하지.

짚 100개를 마련해 두었다지만 그 수는 더 많아도

상관없겠지? 많이 나눌수록 나쁜 일은 더 많이 줄어들 테니까 말이야.

어떤 집에서는 백일에 송편을 하기도 해. 솔잎을 깔아서 찌는 송편은 소나무처럼 오래 살라는 의미를 담고 있지. 수수팥떡도 했는데, 붉은 팥으로 만드는 수수팥떡은 그 붉은 기운이 귀신을 쫓는다고 해.

백일에는 떡을 나누며 온 동네 사람들의 축하를 받았고, 덕분에 더 많이 나누며 살 수 있었어. 아기의 백일도 기쁜 일이지만, 서로 음식과 정을 나누는 일이 사람들을 더욱 행복하게 만들어 주었어.

아기 미래 점치는 돌잡이

오늘은 막동이의 첫 번째 생일날이야. 바로 '돌'이지. 벌써 막동이가 태어난 지 1년이 된 거야. 처음엔 빨갛고 쭈글쭈글한 데다 응애응애 울기만 하던 막동이가 어느새 보얗게 살이 오르더니, 이제는 제법 걸음발도 떼고 사람 같아졌지 뭐야. 하하.

이제 곧 돌잔치를 시작할 거야. 첫 번째가 갖는 의미는 언제나 특별하잖아. 막동이의 첫 생일도 특별하게 보낼 건가 봐.

어머니는 수수팥떡을 만들고 맛있는 음식들을 장만하셨어. 물론 이번에도 삼신할머니에게 먼저 상을 올리고 나서 가족들이 맛있게 먹었지. 그리고 곧 상 위에는 여러 가지 물건들이 올라왔어. 붓, 실, 쌀, 콩, 돈이야.

돌상에는 돌잡이를 위해 붓, 실, 쌀, 돈 등을 올렸다.
[사진제공 _ 한국관광공사]

"그래, 돌잡이야말로 돌잔치에서 가장 중요한 일이지."

"여기 붓, 실, 쌀, 콩, 돈 놓았네. 어서 맘에 드는 걸 잡아 보려무나."

막동이는 돌상에 놓인 물건들을 '이게 뭔가?' 하는 눈빛으로 가만히 들여다보았어. 그리곤 오기심이 동하는지 손을 뻗어 그중 하나를 집었어. 그게 뭐냐고?

막동이가 손에 쥔 것은 기다란 붓이었어. 아버지는 막동이가 붓을 잡자 함박 웃으며 좋아하셨어.

돌잡이는 돌상 점치기라고도 해. 아기가 돌상에 놓인 물건 중 어떤 것을 잡는지에 따라 아기의 미래를 점치는 거야. 돌잡이에 올라가는 물건은 집안마다 지역마다 조금씩 다른데, 이건 부모의 소망에 따라서도 달라질 수 있었지.

실을 집으면 실처럼 길게 장수한다고 하고, 쌀을 집으면 쌀농사를 잘 짓고, 콩을 집으면 콩농사를 잘 짓는다고 해. 돈을 집으면 돈을 많이 벌어 부자가 된다고 하지. 붓은 공부를 잘하게 된다는 것이고.

듣고 보면 뭐 하나 나쁜 것이 없어. 그러니까 돌잡이는 자라는 아기에게 무한한 축복을 주는 행사인 거야. 또 아기가 건강하게 1년을 잘 살아냈으니 이제 조금 안심해도 된다는 기쁜 마음을 담아 잔치를 하는 거지. 너희들도 돌잡이에서 무얼 잡았는지 부모님께 한번 여쭤 봐. 어떤 대답이 나올지 궁금하지 않아?

참, 어떤 집에서는 돌잔치 때 만드는 수수팥떡을 아이가 9살이 될 때까지 해 주기도 해. 수수팥떡이 나쁜 일을 막아 준다고 해서 생일 때마다 만들어 아이의 건강을 비는 거야.

아이야, 훈장님 모셔라

막동이는 무럭무럭 자라서 7살이 되었어. 이제 우리 막동이도 서당에 다닐 때가 된 거야. 아이들은 대개 빠르면 5살, 보통은 7~8살이면 서당에서 글을 배우거든. 특별히 들어가는 나이가 정해진 것은 아니야.

서당은 보통 설날과 대보름을 지나고 나면 시작돼. 마을에 서당이 있는 경우도 있지만, 없는 마을도 많단다. 마을에 있는 서당은 '좌훈'이라고 해. 서당이 따로 없어서 다른 곳에서 훈장을 모셔 와 서당을 열 때는

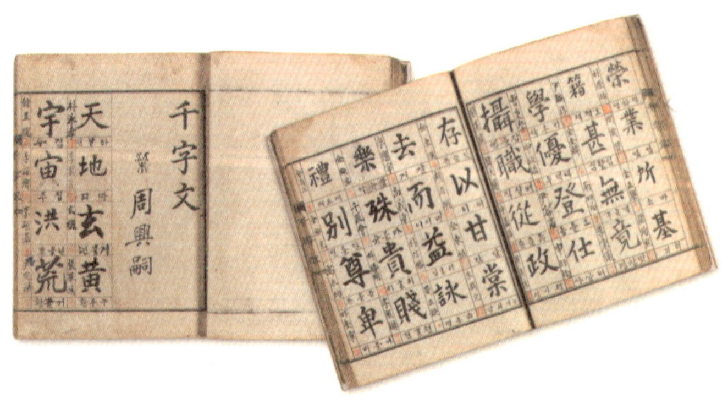

천자문: 서당에서 가장
먼저 배우는 것은
'천자문'이었다.
[사진제공 _ 국립민속박물관]

'번차', '서당돌림'이라고 하지. 서당이 한 달이나 15일씩 돌아가며 집집마다 열리는 거야.

서당에서 가장 먼저 배우는 것은 '천자문'이야. 훈장님은 그날 배운 것을 외워 오도록 시키지. 다음 날 아침이면 훈장님 앞에서 전날 배운 것을 외워야 하는데, 못 외우면 종아리를 맞기도 하고, 다 외울 때까지 다음 것을 배우지 못하기도 해. 그러니 서당에서 공부하는 아이들의 공부 내용은 제각각이야. 공부하는 능력에 따라 배우는 것이 다른 거야.

서당에는 '접장'이라는 사람이 있어. 접장은 학생들의 우두머리야. 아이들은 훈장님 말씀은 물론 접장의 말도 잘 따라야 해.

여름이 되면 '개접'이라는 시험을 본단다. '시험'이라니 듣기만 해도 싫다고? 하하. 예나 지금이나 공부를 배우는 일은 쉽지가 않네.

서당의 시험은 대개 '시'를 짓는 거야. 서당에서 글을 배운다는 의미는 곧 책을 읽고 생각을 깨우쳐 시를 짓는 것이거든. 학생들이 지은 시는 훈장님과 마을의 글 잘하는 사람이 함께 평가를 해. 제일 잘한 것을 일관주, 잘한 것을 관주, 보통을 점이라고 하지. 일등에게는 붓이나 종이 같은 상을 주었어.

"시를 제일 잘 써서 너는 '일관주'이다. 넌 잘한 편이어서 '관주'다. 마지막으로 넌 시 짓는 실력이 보통이어서 '점'을 주었다."

이렇게 얘기하니 서당이 정말 재미없을 것 같지? 하지만 서당 생활이라고 공부하고 시험 보는 것만 있는 건 아니야. 책 한 권을 다 배우게 되면 '책거리' 혹은 '책씻이'라는 걸 하거든. 책 한 권을 다 배운 기념으로하는 행사지. 이때는 어머니들이 떡이며 국수를 해 오셔서 즐겁게 나눠 먹어.

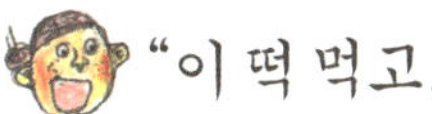 "이 떡 먹고, 익힌 글을 오래도록 잊지 말아라."

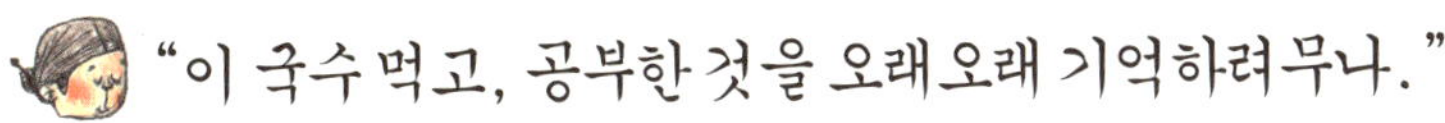 "이 국수 먹고, 공부한 것을 오래오래 기억하려무나."

책거리에 떡이며 국수를 해 먹는 데는 배운 것을 오래도록 잊지 말라는 뜻이 담겨 있어. 훈장님의 매는 매섭지만 서당에서는 즐거운 일도 많았어.

어른이 되기 위한 들돌들기

어른들은 자라나는 아이들을 보고는 콩나물 자라듯 쑥쑥 잘 자란다고 말하곤 해.

아기를 점지해 달라고 삼신할머니에게 기도하고, 열 달 동안 조심조심 배 속에서 아기를 키우고, 태어난 아기가 다칠세라 아플세라 키우다 보면 시간 가는 줄도 잊는 모양이야. 나는 오히려 빨리 어른이 되고 싶은데 왜 이렇게 시간이 안 가는지 말이야.

아무튼 어른들 말씀처럼 아이가 쑥쑥 자라 어른 대접을 받을 나이가 되면 '관례'라는 의식을 치르게 돼. 여자아이는 '계례'라고 하지.

관례는 아주 중요한 행사 중 하나야. 아이가 어른이 되었다는 의미로 하는 의식이거든. 천방지축 뛰어놀던 아이도 관례를 치른 후부터는 어른 행세를 할 수가 있어.

15살이 넘으면 남자아이는 머리에 상투를 틀어서 어른 모양새를 갖

계례 : 어른 대접을 받을 나이가 되면 여자아이는 계례라는 의식을 치렀다.
[사진제공 _ 한국관광공사]

추고, 여자아이도 머리를 올려 쪽을 찌고 비녀를 꽂지. 겉모습만 보아도 의젓한 어른의 모습이 되는 거야.

관례 행사는 양반들이나 하는 거야. 일반 백성들의 성년식은 조금 다르단다. 지역마다도 조금씩 달라. 그중에 대표적인 것이 '들돌들기'야.

'들돌들기'는 무거운 돌을 들어 올리는 것을 말해. 아이와 어른의 다른 점이 무엇이겠어? 어른은 아이보다 힘이 세서 더 많은 일을 할 수 있

잖아. 더구나 우리나라는 예부터 농사일이 중요했기 때문에 힘 쓸 일이 많았어. 얼마나 힘이 센지가 아주 중요하다고.

그래서 무거운 돌을 들어 올릴 수 있어야 어른으로 인정하는 거야. 이 행사를 무사히 통과하면 그때부터 어른 품삯을 받고, 진정한 일꾼으로 대접을 받지.

“자, 누가 진쇠가 되려나. 이제 들돌들기를 시작하겠네!”

“누가 먼저 하려나? 들돌이 크기별로 준비되었으니 골라서 들게나.”

“제가 가장 큰 돌을 들어 보겠습니다. 어영차!”

“아이고, 저 얼굴 빨개지는 것 보게!”

“아이쿠, 저리 힘을 주다가 엉뚱한 것이 나오는 거 아닌가 몰라. 하하하.”

들돌은 보통 쌀 한 섬 무게의 돌이야. 하지만 한 가지 돌만 있는 것이 아니라 무게가 크고 작은 돌로 나누어져 있기도 해. 그중에서 가장 크고 무거운 돌을 들어 올리면 최고의 일꾼으로 인정해서 품삯을 두 배로 받기도 하지.

성년식의 가장 중요한 의미는 어른으로서 어른다운 책임이 있음을 알려 주는 거야. 이제 부모의 보살핌을 받는 것이 아니라 부모를 공양해야 하고, 사회적으로도 어른다운 행동을 해야 한다는 거지. 어른이 된다는 건 무척 기대되면서도 그만큼 어깨가 무거워지는 일이야.

삼촌이 장가간대요!

놀라운 소식이 있어! 글쎄, 더벅머리 개똥이 삼촌이 장가를 간대! 며칠 뒤에 혼례를 올릴 거야. 결혼식 말이야. 너무 신 나고 기다려져. 혼례식은 아주 큰 잔치이기 때문에 사람들도 많이 모여 왁자지껄하고, 맛있는 음식도 배 터지게 실컷 먹을 수 있거든.

개똥이네 식구들이 삼촌의 결

혼식 준비로 눈코 뜰 새 없이 바빠. 준비해야 할 게 한 두 가지가 아닌가 보더라고. 사실 나도 혼례식을 가까이서 보는 건 처음이라 어떻게 하는지 아주 궁금해. 그래서 이리 기웃, 저리 기웃 하면서 엿보고 있어.

나도 크면 민지랑 결혼할 거니까 미리 잘 알아 둬야 하잖아. 헤헤. 민지도 나랑 결혼하고 싶어 할까 모르겠네!

귀하디귀한 사주단자

요즘 개똥이 삼촌의 얼굴에서는 웃음이 가시질 않아. 평소에도 잘 웃는 삼촌이었지만, 요즘처럼 행복해 보인 적이 없어. 장가가는 게 좋긴 좋은가 봐.

얼마 전, 장가갈 나이가 된 삼촌을 위해 중신아비가 집으로 찾아왔었어. 중신아비란 처녀, 총각 사이에 혼인이 이루어지도록 중간에서 소개하는 사람을 말해. 남자는 중신아비, 여자는 중신어미라고 하지. 보통 양쪽 집안을 다 잘 아는 마을 사람이 맡아. 중신아비가 신랑, 신부를 소개하는 것을 '중매'라고 하는데, 모두들 이렇게 중매로 결혼을 했어.

중신아비는 며칠을 집에 들락거리더니 참한 신붓감이라며 한 아가씨를 소개했어. 할아버지와 할머니는 그 아가씨를 아주 마음에 들어 하셨어. 삼촌도 그런 눈치였고. 중신아비가 양쪽 집안을 왔다 갔다 하더니, 드디어 혼인이 결정되었어.

먼저 삼촌의 사주가 담긴 사주단자를 신부 집으로 보냈어. 사주란 사람이 태어난 해와 달과 날과 시간, 이 네 가지를 가지고 그 사람의 운명을 점치는 거야. 사주는 51만 8400명의 운세를 뽑아서 만든 통계래. 정말 어마어마하지?

신랑 집에서 사주단자를 보내면 신부 집에서는 신부 될 사람이 사주와 신랑의 사주가 서로 잘 맞는지 알아보고, 두 사람이 좋은 인연이 될 수 있는 결혼식 날짜를 잡는대. 모든 게 정말 신중하고 조심스럽게 이루어지는 것 같아.

할머니는 정성스럽게 사주단자를 마련하셨어. 사주가 없으면 신랑, 신부는 저승에 가서도 만나지 못한다고 하기 때문에 사주를 보내고 받는 일은 정성을 다해서 이루어져.

먼저 한지를 다섯 번 혹은 일곱 번을 접어서 가운데 칸에 태어난 년, 월, 일, 시를 적고 봉투에 넣었어. 그 봉투를 청홍실로 묶고 붉은 보자기에 싸서 신부 집에 보냈지. 신부 집에서는 대청이나 마루에 돗자리를 깔고 새 상에 사주를 받는대.

사주단자를 마련하는 건 집안마다 지역마다 조금씩 차이가 있어. 봉투만 보내는 집도 있고, 어떤 집에서는 고추와 조, 목화씨를 보내기도 해.

사주단자를 보냈으니 이제 삼촌의 혼례는 양쪽 집안에서 완전히 약속이 된 거야. 혼례식만 올리면 돼. 내가 장가가는 것도 아닌데 벌써부터 기대가 되고 설레는걸!

사모관대 입고, 연지 곤지 찍고

우와, 개똥이 삼촌 진짜 멋지다! 오늘 드디어 삼촌이 장가를 가는 날이라 정말 근사하게 차려입었어. 아주 다른 사람이 되었다니깐! 얼마나 깨끗하게 목욕을 한 건지 얼굴은 반질반질 윤이 나고, 평소엔 덥수룩하던 머리도 곱게 빗어서 상투를 틀었어. 그리고 아주 깨끗하고 고운 한복을 갖춰 입었어. 그 위에 양반들처럼 근사한 관복을 입고, 머리에는 검은 비단 모자를 썼어.

삼촌이 차려입은 걸 사모관대라고 해. '사모'는 모자고, '관대'는 겉에 입는 관복이야. 원래는 벼슬아치들이 격식을 갖출 때나 나랏일을 보러 궁궐에 갈 때 입는 옷이지. 그래서 위엄이 있고, 꽤 멋있어.

벼슬이 없는 사람이라도 혼례를 올릴 때면 신랑은 사모관대를 차려입는대. 평생 벼슬을 하지 못하더라도 혼례식에서 한 번은 사모를 쓰고 관

사모관대, 목화: 신랑은 사모관대를 갖춰 입었다. 사모는 모자고 관대는 겉에 입는 관복이다.

활옷과 화관: 신부는 붉은 비단에 연꽃, 모란, 원앙, 나비 등을 수놓은 화려한 활옷을 입었다.
[사진제공 _ 국립민속박물관]

복을 입을 수 있는 거야.

사모관대는 마을에서 공동으로 마련해 두었다가 혼인이 있을 때마다 빌려 입을 수 있게 했어. 나라에서 사모관대는 물론 신랑이 타고 갈 말이나 청사초롱을 빌려 주기도 하고. 그 정도로 혼인은 중요한 일이거든.

신랑인 삼촌이 이렇게 차려입을 정도니 신부는 또 얼마나 곱게 단장을 할까? 신부는 보통 얼굴에 고운 분을 바르고, 족집게로 눈썹을 뽑아 단정하게 했어. 머리는 곱게 빗어 쪽을 찌었지. 무엇보다 이게 제일 중요한데, 양 볼과 이마에 연지 곤지를 찍는 거야.

연지는 여자들이 화장할 때 쓰는 붉은 물감이지. 연지로 이마에 동그랗게 점을 그리는 게 곤지야. 연지 곤지를 찍어야 진짜 신부 같아 보이지. 연지 곤지는 신부를 아름답게 꾸미기 위한 것이기도 하지만, 사람들은 붉은 색깔이 나쁜 기운을 막아 준다고 생각하기도 해.

단장을 마친 신부도 신랑처럼 평소와는 다른 옷을 입어. 활옷이라는 건데, 소매통이 아주 넓고 화려한 혼례복이야. 머리에는 화관을 써. 활옷과 화관 역시 마을에서 준비해 두었다가 혼례식이 있을 때 빌려 줘. 개똥이 숙모가 되실 분도 활옷에 화관, 연지 곤지로 단장했을 거야. 도대체 어떤 분일지 아주 궁금해 죽겠어.

삼촌은 이제 장가들러 집을 나서야 해. 신부 집까지 가려면 말을 타고

가더라도 한나절은 가야 한대. 그러면 자연히 혼례식은 오후가 되어서
야 열리겠지.

장가가는 신랑의 행차는 마을 사람들에게는 즐거운 구경거리야. 청사
초롱을 든 몇 사람이 앞서고, 그 뒤로 말을 탄 신랑이 가지. 신랑 뒤로는

후행이라고 해서 신랑의 친구들이 따라가곤 해.

"아이고, 신랑 인물이 훤하구먼."
"드디어 제대로 된 어른이 되는 것이지."
"누군 좋겠다, 장가가서!"

　신랑의 행렬을 구경하는 사람들은 저마다 축하의 말을 한마디씩 했어. 혼인은 새로운 인생을 시작하는 중요한 출발점이라서 많은 사람들이 관심을 가진단다.

기러기처럼만 살아라

　오후가 다 되어서 삼촌이 신부 집 가까이에 도착을 했어. 기러기 아범이 삼촌에게 들고 있던 기러기를 주었어. 기러기는 살아 있는 것을 사용하기도 하고, 나무로 만든 기러기를 쓰기도 해.

　기러기 아범이 도대체 누구냐고? 신랑 행차 때 색실을 감고 보자기에 싼 기러기를 들고 앞서 가다가, 신부 집 가까이에 오면 기러기를 신랑에게 전해 주는 사람이야. 신랑 집 어른 중 한 명이 맡아서 하지. 신랑은 기러기를 들고 신부 집으로 들어가 장모에게 기러기를 건네준단다.

　새신랑은 왜 기러기를 신부 집에 가지고 가는 걸까? 그건 기러기의 삶 때문이야. 기러기는 항상 무리를 지어 하늘을 날잖아. 앞서 가는 기러기를 나머지 기러기가 줄을 맞춰 따라가는 걸 본 적이 있을 거야. 기러기는 겨울이면 남쪽으로 날아가고, 봄이면 북쪽으로 날아가지.

[사진제공 _ 국립민속박물관]

　사람들은 기러기의 이런 모습을 보며 기러기가 나아갈 때와 따라야 할 때를 안다고 생각했어. 아내가 남편을 따르고, 아랫사람이 윗사람을 따르는 것처럼 말이야.

　또 계절의 변화에 따라 행동하는 것은 때를 놓치지 않는 것으로 해석했어. 혼인해야 할 적절한 때를 놓치지 않는다는 거지.

　그 밖에도 옛사람들은 기러기가 어느 새보다 암수의 사이가 좋다고 여겼어. 한번 짝을 이룬 기러기는 평생을 함께 보내고, 먼저 죽으면 나머지도 따라 죽는다고 믿었지. 그러니 혼인하는 신랑, 신부에게 기러기처럼 사이좋게 살라는 의미로 기러기를 사용한 거야.

신부의 어머니는 기러기를 받기 위해 미리 상을 펴고 그 위에 보자기를 펼쳐 두었어. 신랑은 그 위에 기러기를 놓고 절을 하지. 이것이 기러기를 전달하는 예의야. 결혼식을 하기 전의 중요한 행사인 셈이지.

신부의 어머니는 기러기를 치마에 싸서 들고 신부의 방으로 가지고 가서 밀어 놓아. 이때 기러기가 그대로 서 있으면 아들을 낳는다고 해. 반대로 뒤집어지면 딸을 낳는다고 하고. 만약 살짝 밀어 둔다면 기러기가 뒤집어지는 일은 별로 없겠지? 그러니까 이런 행동에는 시집간 딸이 아들을 낳기를 바라는 마음이 담겨 있는 것이지.

혹 살아 있는 기러기일 경우 신부 어머니는 쌀뒤주나 떡시루를 엎어서 그 안에 기러기를 두었어. 날아가지 못하도록 말이야. 이렇게 기러기가 신부에게 전달되었으니 이제 본격적으로 혼례식이 시작될 거야.

하늘의 인연을 맺는 혼례식

드디어 혼례가 시작되었어. 신랑에게서 기러기를 건네받은 뒤에 신부가 밖으로 나오지. 이때 신랑과 신부가 처음으로 만나게 되는 거야.

어떻게 한 번도 만난 적 없는 사람과 혼인을 하고, 평생을 함께 살 수 있냐고? 그건 혼인의 인연은 사람이 정하는 것이 아니라 하늘이 정한다고 믿었기 때문인 것 같아.

옷깃만 스쳐도 인연이라고 했는데, 서로 생판 모르던 남녀가 부부의 인연을 맺게 되었어. 이처럼 크고 놀라운 인연이 어디 있겠어. 이런 인연은 하늘이 맺어 준 거라 여기고 서로 보지 않고도 혼인을 한 거야.

신랑과 신부가 처음 만나 마주 보고 절을 하는 것을 '교배례'라고 해. 가운데 교배 상을 두고 신랑은 동쪽에 서고, 신부는 서쪽에 서서 서로에게 절을 하는 거야. 신부가 두 번 먼저 절을 하면 신랑이 한 번 절을 하지. 이렇게 한 차례 절을 더 하고 나서는 '합근례'라고 해서 신랑과 신부가 술을 한 잔 나누어 마셔. 청실홍실이 드리워진 표주박에 술을 따라 신부가 살짝 입만 대고 나면 나머지는 신랑이 받아 마셔. 마을 사람들이 그 모습을 흐뭇하게 바라보며 재미있는 농담을 주고받는 소리가 들려.

"신랑이 코가 커다란 것이 사내답게 잘생겼네."
"그런데 신부는 왜 저렇게 얼굴을 가렸지? 혹시 얼굴이 못난 거 아니야?"
"무슨 소리! 신랑이 엉성하게 절을 하는 모양새가 신부에게 영락없이 잡혀 살게 생겼구먼."

혼례를 구경하던 사람들이 던지는 말들은 혼례식의 분위기를 즐겁게 만들어 주었어. 삼촌도 우스운 말에는 입꼬리를 올리며 슬며시 웃기도 하고 말이야.

신랑과 신부가 술을 나눠 마시고 나면 안주를 집어 주기도 해. 이때 사용하는 젓가락은 보통의 것이 아니야. 송백저라고 해서 소나무로 만든 젓가락이야. 송백저를 사용하거나 표주박에 술을 따라 나눠 마시는 것도 모두 나름의 의미가 담겨 있어.

먼저 송백저를 만드는 소나무는 사시사철 푸른 나무이기 때문에 소나

합환주 잔: 신랑과 신부는 표주박에 술을 따라서 나누어 마셨다.
[사진제공 _ 한국관광공사]

무처럼 변하지 말라는 뜻이야. 부부가 살아가면서 겪는 어려움 속에서도 서로를 믿고 도우라는 거지.

　표주박 잔은 원래 하나였던 박을 반으로 갈라서 만들잖아. 이것은 신랑과 신부는 원래 하나였다는 의미야. 부부 일심동체라는 말이 있어. 부부는 한마음, 한 몸이라는 거지. 혼례식은 이처럼 한 남자와 한 여자가 부부가 되어 함께 하나가 되는 의식인 거야.

첫날밤의 창호지 뚫기

혼례식이 끝나고 해가 저물면 신부 집에는 신방이 차려졌어. 오늘 밤 신랑과 신부가 잠이 들 방이야. 혼례식을 마친 삼촌은 사모관대를 벗고 두루마기로 갈아입고는 신방으로 들어갔지. 하지만 신부는 여전히 화관을 쓴 채로 예복을 입고 신랑을 기다리고 있어. 신부의 화관을 벗겨 주는 건 신랑의 몫이거든.

신방에는 신랑과 신부를 위해 먹음직스런 음식이 가득한 상이 차려져 있어. 신랑은 음식에 손을 대는 시늉만 할 뿐 그 음식을 먹지는 않아. 음식은 그대로 시부모에게 싸서 보낼 거야.

잠시 뒤 음식상은 방 밖으로 나오고, 이제는 신랑과 신부 단둘만 방에 남게 되었지. 이른 아침부터 혼인을 위해 분주하게 움직인 신랑과 신부가 촛불을 끄고 쉬는 일만 남았어.

그 촛불을 끄는 데도 방법이 따로 있어. 입으로 불어서 꺼서는 절대

안 돼. 촛불을 입으로 불어 끄면 사람의 기가
흐트러져서 좋지 않다고 하거든. 숟가락으로
눌러서 끄거나 손으로 바람을 일으켜 꺼야
해. 어떤 경우에는 초를 요강 속에 넣어서 끄
기도 해.

삼촌은 불을 끄고 조심조심 신부가 예복을 벗는 걸 도와줬어. 그러다
바깥에서 키득거리는 소리에 문득 손을 멈췄어.

"흐흐, 저기 신랑 손 떠는 것 좀 봐."
"신부는 어떻고! 모르긴 몰라도 얼굴이 사과처럼 빨개졌을걸."
"아이고, 좋을 때다, 좋을 때야."

이건 신방의 문밖에서 나는 소리야. 사람들이 어
떻게 알고 그런 말을 하느냐고? 바로 창호지 뚫

기 풍습 때문이야. 사람들은 신방의 문창호지를 뚫어서 갓 혼인한 신랑 신부의 첫날밤을 구경하곤 하거든.

신혼 첫날밤을 훔쳐보는 건 너무하다고? 그렇게 생각할 수도 있겠다. 하지만 사람들이 단순히 구경 삼아 창호지를 뚫는 건 아니야. 창호지 뚫기는 신랑 신부를 보호하기 위한 마음에서 시작된 풍습이거든.

옛날부터 신랑 신부는 서로에 대해 알지 못한 채 혼인을 했잖아. 그러다 보니 간혹 혼례식에서 처음 상대를 보고 실망하여 도망을 가는 경우도 있었고, 심지어 목숨을 끊는 일도 있었어. 사람들은 이런 불행한 일을 막기 위해 신방을 살폈어.

그 밖에도 불이 나거나 도둑이 드는 일도 생길 수 있기 때문에 막 시작하는 신랑 신부를 창호지 뚫기로 안전하게 보호한 거야. 좋은 일일수록 더욱 조심하고 삼가는 것이 우리 조상들의 삶의 방식이었지.

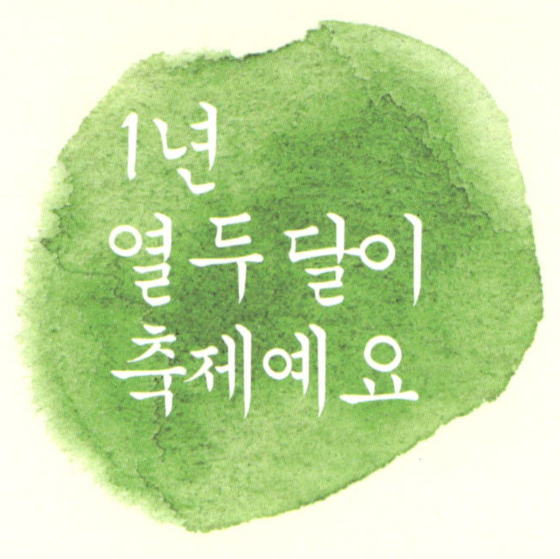

너희들은 무얼 하고 노니? 설마 놀지는 않고 공부만 하는 건 아니지?
개똥이는 정월 초하루부터 섣달그믐까지 하루도 안 빼놓고 신 나게 놀
아. 달마다 계절마다 즐겁게 놀 일, 맛있게 먹을 일, 신 나게 즐길 일이
새록새록 많거든.

우리 조상님들은 시간의 흐름 속에서 나름의 의미를 찾곤 했어. 1월,
곧 정월은 1년의 시작이라서 의미가
있었고, 12월, 곧 섣달

은 1년의 마지막이라서 의미가 있었지. 그래서 그 의미를 아주 다양한 방식으로 기념하고 즐겼어. 그러다 보니 1년 열두 달이 즐거운 축제 같았단다.

우리 민족은 부지런하고 끈기가 있기로 유명하지만, 사실 신명과 흥이 많고 함께 즐길 줄도 아는 사람들이야. 지금부터 내가 알려 줄 여러 가지 풍습들에 대해 알게 되면 너희도 고개를 끄덕이게 될 거야.

새해맞이 야광 쫓기

"아함, 졸려!"

"조금만 더 참아 봐. 곧 날이 밝을 거야. 그것도 새해 첫날이 말이야."

"그래도 자꾸만 자꾸만 눈꺼풀이 내려오는걸."

"그럼 잠 깨게 수수께끼 하나 맞혀 볼래?"

"아함, 내 봐."

"세상에서 가장 무거운 건 뭐게?"

"글쎄, 그게 뭐지? 음, 잘 모르겠는데."

"그건 바로 졸린 눈꺼풀이야. 어때, 정말 무겁지?"

"아, 맞아. 너무 무거워서 눈을 뜰 수가 없어. 아하암!"

새해를 맞이하기 하루 전날인 섣달그믐이면 사람들은 잠을 자지 않고

밤을 새웠어. 바로 야광귀신 때문이었지. 야광귀신은 한 해의 마지막 날 밤이 깊어지면 마을로 내려와 사람들의 신발을 신어 보고 제 발에 맞으면 신고 간다는 귀신이야.

신발을 야광귀신에게 빼앗기고 나면 그 사람은 한 해 동안 재수가 없다고 해서 사람들은 잠을 자지 않고 제 신발을 지키는 거야. 아예 어떤

사람은 신발을 방에 넣어 두고 자기도 한대.

　신발만 지킨다고 일이 다 해결되는 건 아니란다. 신발을 지키지 않고 잠을 자면 가족들이 그 사람의 눈썹에 밀가루를 묻히는 장난을 치곤 하거든. 그래서 섣달그믐에 잠을 자면 눈썹이 하얗게 센다고들 하지.

　야광귀신을 쫓기 위해 사람들은 무엇보다 먼저 잠을 쫓아야 하기 때문에 방 안에서 이런저런 놀이를 하며 시간을 보낸단다. 야광귀신 덕분에 가족들이 옹기종기 모여 즐거운 시간을 보내게 되었으니, 이것도 참 좋은 일 아니겠어?

　그래도 졸린 건 참기 힘들다고? 하긴 세상에서 가장 무거운 게 졸린 눈꺼풀이라고 하니 졸음을 당해 낼 장사는 없지. 그럴 때는 이런 방법이 있어.

　야광귀신은 셈하기를 아주 좋아하는 귀신이래. 그래서 사람들은 대문 앞에 체나 광주리를 걸어 두곤 해. 체나 광주리에는 작은 구멍이 많이 있잖아. 야광귀신은 대문을 넘어오기 전에 이 구멍을 보고 평소 성격대로 하나하나 구멍 수를 세어 본다는 거야.

　어휴, 그 많은 구멍을 언제 다 세겠어? 그러다 어느새 날이 밝지 않겠어? 사람들은 바로 이걸 노린 거야. 야광귀신이 구멍 수를 세는 동안 날이 밝으면 더 이상 신발 빼앗길 일은 없어지니까. 우리가 야광귀신보다 훨씬 지혜롭다고!

아홉 번씩 일하는 작은 보름

설날이 지나고 그다음에 오는 명절은 대보름이야. 음력으로 1월 15일
이지. 정월 대보름은 설날만큼 큰 명절이야.

대보름에 앞서 14일을 '작은 보름'이라고 하지. 작은 보름날에는 대보
름날과는 또 다른 놀이를 해.

 "하나, 둘, 셋, 네엣……."

 "뭘 하면서 그렇게 수를 세는 거야?"

 "응, 오늘은 글씨도 아홉 번 써야 한다고 해서. 이제 다섯 번만 더 쓰
면 돼."

 "아이고, 그럼 잘 써야지. 글씨가 그게 뭐야. 발로 쓴 줄 알겠다."

작은 보름날의 중요한 행사는 '아홉 번 일하기'야. 사람들은 이날 자

기가 맡은 일을 아홉 번씩 해야 해. 공부하는 학생은 글을 아홉 번 읽고, 글씨도 아홉 번을 써야 하지.

나무를 하는 사람은 산에 가서 아홉 짐의 나무를 해야 하고, 새끼를 꼴 때도 아홉 발을 꼬아야 해. 그뿐이 아니야. 여자들은 나물을 캘 때도 아홉 바구니를 캐야 하고, 빨래도 아홉 가지를 해야 해.

왜 하필 아홉이냐고? 글쎄, 작은 보름날엔 뭐든 일을 열심히 하라는 의미가 아니었을까? 대보름이 지나면 본격적으로 농사 준비를 해야 하

니까 겨우내 농사일을 쉬었던 사람들이 이제부터 열심히 농사를 짓자는 마음을 갖도록 말이야.

작은 보름날 아침에는 고기와 김치는 먹지 않아. 고기를 먹으면 부정을 타서 1년 동안 좋지 않은 일이 생긴대. 김치를 먹으면 벌레에 쏘인다나! 그래서 작은 보름날부터는 나물 반찬을 해 먹어. 시래기, 취나물, 고사리, 무말랭이, 호박고지가 이날의 반찬이야.

밥은 쌀, 보리, 콩, 팥, 수수, 조, 기장 등을 넣은 오곡밥을 지어. 그러고는 서로 자기 집 밥을 먹으라고 청하지. 우리 집 밥은 옆집 친구에게 주고, 나는 옆집 밥을 먹는 식으로 말이야. 사람들은 이날 여러 사람과 밥을 나눠 먹어야 그해 운수가 좋다고 믿거든.

밥 나누기를 적어도 세 집과 해야 하기 때문에 작은 보름날 저녁은 빨리 먹어. 다른 집에서 밥을 다 먹기 전에 우리 집 밥을 먹이려고 저녁밥을 서둘러 짓는 거야. 이런 걸 '백 집 밥 먹기'라고 해. 물론 진짜로 백 집과 나눌 수는 없었지만, 그렇게 나누며 사는 삶을 중요하게 생각하는 거지.

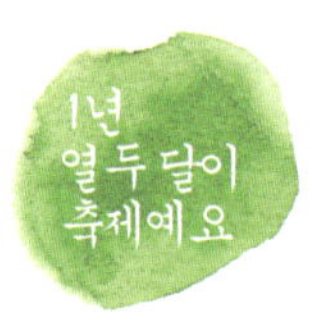

귀밝이술을 마시자

곡식으로 빚은 술은 좋은 약이 될 때도 있어. 술이 약이 된다니, 거짓말 같다고? 하지만 틀린 말이 아니야. 정월 대보름에 먹는 귀밝이술은 아주 좋은 술이거든.

대보름은 아주아주 큰 명절이야. 새벽이면 특별한 의식을 하는데, 바로 귀밝이술을 마시는 거야. 술이라면 어른들, 특히나 남자들이 즐기는 것이지만, 이날은 어린아이까지 모두 이 술을 마실 수 있어. 아싸, 나도 꼭 먹어 볼 거라고!

귀밝이술은 이름처럼 귀가 밝아지라고 마시는 술이야. 보름날 아침에 데우지 않은 찬 술을 가족이 모두 조금씩 나눠 마셔. 그러면 귀가 밝아진대.

나이가 들면 자연스레 귀가 어두워져서 소리를 잘 듣지 못하게 되잖아. 귀가 밝아진다고 하면 모두들 마시려고 하지 않겠어? 또 귀밝이술

을 마시면 귓병이 생기지 않고, 1년 동안 좋은 소식을 많이 듣는다고도 해. 귀밝이술을 마심으로써 한 해 동안 나쁜 일 없이 좋은 날만 이어지기를 바라는 마음이 담겨 있는 거지.

귀밝이술로 쓰인 술은 청주야. 청주는 아주 맑은 술이야. 맑은 술을 마셔야 더 귀가 밝아진다나 봐. 이 술을 '이명주' 혹은 '귀밝이'라고 부르기도 해.

 "자, 보름날 아침이니 모두 귀밝이술 마셔요."

 "허허, 오늘은 잔소리 듣지 않고 술을 마실 수 있겠군."

 "귀밝이술 마시고 귀 밝아지고 좋은 소식 들으라는 거니까 기분 좋게 마셔요. 너무 많이 마시지는 말구."

 "어머니, 저도 마셔요?"

 "그래, 귀밝이술은 아이도 조금 먹는 거란다. 아주 조금만 맛을 보렴."

귀밝이술로 시작한 대보름 아침은 밝은 한 해를 기대하게 했어. 늘 좋은 것, 바른 것을 구했던 사람들의 마음이 귀밝이술에도 어김없이 담겨 있는 거라고.

까치밥 주기

밥 조금, 나물 조금, 떡도 조금.

음식을 왜 조금씩 덜어 놓은 거냐고? 이건 대보름날 아침 까치밥이야.

말 그대로 까치에게 주는 밥 말이야. 정월 대보름에는 아침밥을 먹기 전

에 음식을 조금 나눠서 까치밥을 먼저 주거든.

지역이나 집안마다 까치밥의 내용은 조금씩 다르지만, 까치밥을 준비하는 것은 같아. 까치밥을 까치가 날아와 먹기 좋도록 처마 끝이나 장독대, 담장 위 같은 데에 놓으면 까치뿐 아니라 다른 짐승들이 와서 먹고 가곤 해.

사람들은 까치를 좋은 기운을 가진 새라고 생각했어. 까치가 울면 집에 반가운 손님이 온다고 하고, 까치를 죽이면 죄가 된다고 생각하지. 또 정월 열나흗날 까치가 울면 수수 농사가 잘되고, 까치가 물을 치면 흐린 날이 갠다고 해. 좋은 기운을 가진 까치에게서 사람도 좋은 기운을 받는다고 생각한 거야.

그러니 까치에게 따로 밥을 챙겨 주는 건 중요한 일이 아니겠어? 특히 대보름의 까치밥 주기는 한 해의 좋은 운을 빌고, 한 해 농사가 잘되기를 비는 것이니까 특히나 중요하지.

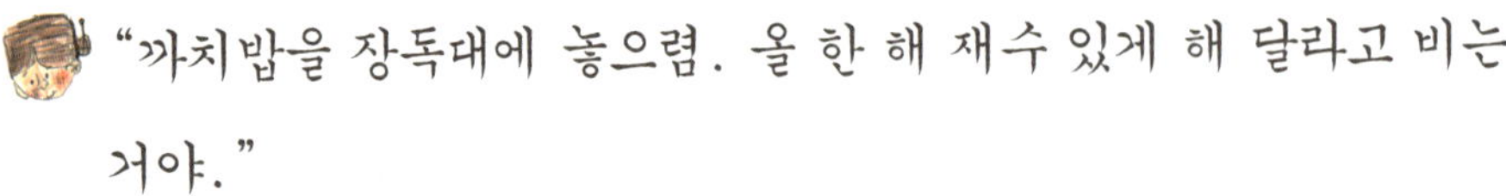

까치는 분명 특별한 존재이기도 했지만, 까치밥 주기에서는 대보름 명절을 맞아 음식을 사람뿐 아니라 동물과도 나누려 했던 우리 조상들의 따뜻한 마음도 느낄 수 있어. 동물은 우리와 더불어 사는 이웃과 다르지 않으니까 말이야.

까치밥 주기는 칠월 칠석에도 해. 칠월 칠석은 견우와 직녀가 오작교를 건너서 1년에 한 번 만나는 날이잖아. 오작교는 까치와 까마귀가 모여서 은하수에 만드는 다리거든. 오작교 위로 견우와 직녀가 건너가고 나면 까치의 머리털이 다 벗어진다고 해. 힘들게 오작교를 만드느라 애쓴 까치를 위해 까치밥을 주는 거야.

가을에 감나무의 감이 익으면 다 따지 않고 까치와 새들이 날아와 먹을 수 있게 남겨 두기도 하는데, 이때 남긴 감도 까치밥이라고 해. 어른들은 추수를 할 때도 이삭을 모두 줍지 않고 새와 짐승들이 먹을 수 있게 조금씩 남겨 둔단다. 모두 동물들을 아끼고 배려하는 마음인 거야.

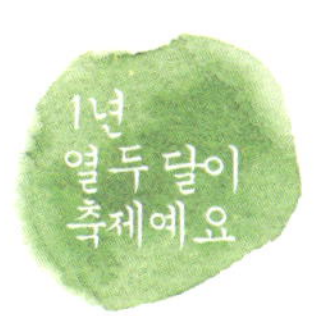

복 들어오는 복엿 먹기

엿을 먹은 이유는 재산이 엿처럼 쭉쭉 늘어난다고 생각했기 때문이다.

입안에 들어가면 달콤하게 퍼지면서 미끄러지듯 스르르 녹는 게 뭐게? 그건 생각만 해도 입안에 군침이 도는 엿이야. 엿 중에서도 특히 귀한 엿이 있어. 바로 정월 대보름에 먹는 '복엿'이지. 이날 먹는 엿은 몸에 좋은 엿이라고 해서 '복엿'이라고 부르며 서로 나눠 먹거든. 대보름 아침에는 복엿을 꼭 먹어 주어야 한다고!

음력 12월이면 설이며 대보름 같은 명절을 지내기 위해 엿을 고는 집이 많아. 우리는 온종일 엿이 다 되기만을 기다리지. 아니면 마을에 찾아오는 엿장수 뒤를 줄줄 따라다니기도 하고 말이야.

"복엿 먹자. 이것 먹으면 얼굴에 버짐이 피지 않는다는구나."

"그뿐만이 아니지. 복엿이 한 해 동안 입맛을 좋게 해서 한여름 더위에 먹는 보리밥도 꿀처럼 맛나게 한다잖아."

"그래요? 근데 저는 좀 걱정인걸요. 전 지금도 밥이 꿀맛인데, 이러다 소보다 더 많이 먹을 것 같아요."

“허허, 별 걱정을 다 하는구나. 그럼 소보다 일을 많이 하면 될 거 아니야.”

엿은 말하자면 몸을 건강하게 하기 위해 먹는 음식이야. 엿의 단맛이 입맛을 살려 주기 때문에 밥을 잘 먹을 수 있게 한다고들 생각했거든. 평소에는 단것을 잘 먹지 못해서 이런 단 음식이 귀하기도 하고. 그러니 명절 같은 특별한 날 먹는 거지.

복엿을 먹는 이유는 또 있어. 엿은 잘 늘어나잖아. 사람들은 복엿을 먹으면 재물도 엿가락처럼 쭉쭉 늘어난다고 생각해. 맛있는 복엿도 먹고 부자도 된다면 얼마나 좋은 일이야? 복엿 먹기는 우리를 기분 좋게 하고, 기운도 나게 만들어 준다고.

불놀이야! 쥐불놀이!

정월 대보름은 우리한테 여간 신 나는 날이 아니야. 평소에는 불을 가지고 놀면 어른들한테 혼쭐이 나지만, 이날만큼은 불놀이를 실컷 할 수 있거든. 으히히! 그래서 대보름이 되면 아이들은 불놀이 준비로 대낮부터 아주 바빠.

"너 쑥방망이 만들었니?"

"그럼, 벌써 만들었지. 쥐불 싸움에서 지면 안 되잖아."

"그렇고말고! 쥐불 싸움에서 꼭 이겨야지! 이번에도 이웃 마을 아이들하고 하겠지?"

"지난해에는 졌으니까 이번에는 꼭 이겨서 그 녀석들 코를 납작하게 만들어 주자고."

"그래, 해 떨어지면 보자."

이때 준비하는 것은 대보름 밤에 하는 '쥐불놀이'야. 논둑이나 밭둑에 불을 놓아 잔디와 잡초를 태우는 거야. 해가 지고 달이 떠오르기 시작하면 아이들이 하나둘 논둑과 밭둑으로 모여들어. 아이들은 막대기나 줄에 불을 달고 빙빙 돌리다가 논밭에 불을 놓지. 불이 활활 타오를수록 풍년이 든다고 해서 아이들은 너도나도 쥐불을 놓아.

쥐불을 놓는 아이들은 마을 아이들끼리 편을 나누거나 이웃 마을 아이들과 맞붙어 쥐불 싸움을 하기도 해. 누가 더 많이 불을 지르는지, 혹은 누구

불의 기세가 센지 겨루는 거지. 불장난하면 밤에 오줌 싼다고 나무라시는 어른들도 이날만은 눈감아 주셔.

쥐불놀이는 단순히 아이들을 위한 놀이가 아니야. 쥐불놀이를 하는 데에는 여러 가지 의미가 있거든. 먼저 쥐불놀이를 통해 잡귀를 쫓아서 한 해 동안 나쁜 일 없이 잘 살기를 기원해. 이번에도 복을 비는 일은 빠지지 않았어.

그리고 쥐불놀이는 말 그대로 불을 놓아 쥐를 쫓는 거야. 쥐들이 귀한 곡식을 축내는 경우가 많아서 불로 쥐를 잡는 거야. 논과 밭에 불을 놓으면 잡초가 타면서 해충과 해충이 낳아 놓은 알들을 없앨 수도 있어. 그럼 농사를 지을 때 큰 도움이 돼. 마지막으로 타고 남은 재는 논밭에서 거름이 되어 농사를 도와.

어때, 이 정도면 1석 4조, 1석 5조는 되지? 우리가 그저 놀기만 하는 게 아니라 아주 중요한 일을 하는 거라고!

보름달 아래 다리밟기

대보름날 밤에 사람들이 가장 많이 모이는 곳이 어딘지 아니? 바로 다리 위야. 대보름날에는 다리밟기를 하는 풍습이 있거든. 이날 밤에 다리밟기를 하면 일 년 동안 다리가 아프지 않다고 해.

비가 오면 다리가 욱신욱신 쑤신다는 할머니들도 다리밟기만은 빼놓지 않고 하시지. 대보름날 다리 위는 사람들로 붐비기 마련이야. 특히 청계천의 수표교과 광교는 어김없이 사람들로 꽉 찬다니까.

언젠가는 여자들의 다리밟기를 금지시킨 적도 있었대. 하지만 그걸 따를 여자가 어디 있겠어? 다리 아픈 사람에 남자 여자가 따로 있는 건 아니잖아? 여자들도 꾸준히 다리밟기를 했어. 정월 대보름날 못하면 그 다음 날이라도 했지. 아니면 작은 보름날 하기도 했고.

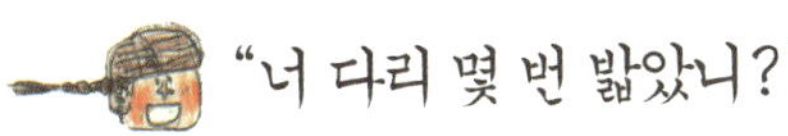 "너 다리 몇 번 밟았니?"

"이제 열 번 밟았으니까 한 번만 더 하면 돼."
"그래? 그러면 넌 저쪽 건너편에서 다리밟기가 끝나겠네? 집으로 가려면 이쪽으로 와야 하는데 어떻게 할 거야? 다리 밟기는 나이만큼만 하는 거잖아."
"어, 정말! 어떻게 하지?"

대보름날의 다리밟기는 나이만큼 하는 거야. 나이가 열 살이면 다리를 열 번 건너는 거지. 나이가 짝수일 때는 상관없지만 나이가 홀수일 때는 좀 복잡한 문제가 생겨. 이쪽에서부터 다리를 건너기 시작해 홀수만큼 건너고 나면 돌아오지 못하고 건너편에서 끝이 나게 되잖아. 그러면 혼자서는 다시 건너올 방법이 없어. 나이보다 더 많이 다리밟기를 할

수는 없으니까 말이야.

그럼 어떻게 하느냐고? 하하, 걱정하지 않아도 돼. 다 방법이 있거든. 다른 사람이 그 사람을 업고 다리를 건너는 거야. 업힌 사람은 다리를 밟은 것이 아니니까 아무 문제가 없는 거지. 정말 현명한 방법이지?

환히 비치는 보름달 아래 이루어지는 다리밟기는 아주 흥겨워. 다리를 밟으며 노래를 하는 사람도 있고, 피리를 불거나 북을 치며 흥을 돋우는 사람도 있어. 보름달 아래 축제는 그렇게 밤늦게까지 이어졌어.

고생했네, 머슴날

2월 초하루, 온 동네가 흥겨운 농악과 떡 익는 냄새로 가득해. 오늘은 바로 '머슴날'이거든. 머슴날은 평소에 일을 많이 하는 머슴들을 위한 날이야. 머슴은 남의 집 일이나 농사일을 해 주는 사람이거든.

농사철이 다가오면 머슴들은 눈코 뜰 새 없이 바빠져. 싹이 나고 자라나는 농작물에 맞춰 일을 해야 하기 때문에 사람 뜻대로 일을 미루거나 당겨서 할 수가 없지.

가을에 곡식을 거두어들이고 나면 머슴들은 그나마 한가로운 겨울을 보내. 그러다 음력 2월이 되면 앞으로 지을 농사일을 다시 준비해야 해. 이제 본격적으로 일이 시작되는 시기가 됐으니까.

머슴을 부리는 주인들은 한 해 동안 열심히 일할 머슴들을 위해 잔치를 벌여 준단다. 잘 먹고, 즐겁게 놀고 난 다음에 열심히 일을 하자는 거지.

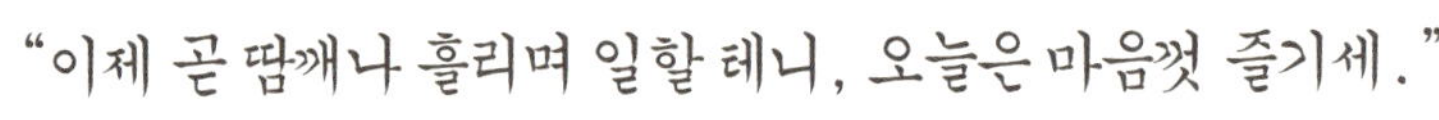

“이제 곧 땀깨나 흘리며 일할 테니, 오늘은 마음껏 즐기세.”
“그래, 이런 날도 있어야 일할 맛이 나지.”
“나이떡도 실컷 먹어 두고 한 해 동안 힘 좀 쓰세.”
“저도 올해는 어른 몫을 하겠어요.”
“허허, 우리 조카가 어느새 어른이 다 되었군. 그럼 올해부터 어른 품삯을 받아야겠구먼.”

김홍도 〈점심〉

머슴날에는 나이떡 먹기라는 풍속도 있어. 정월 대보름에 마당에 세워 두었던 볏가릿대에서 벼를 털어서 떡을 해 먹지. 떡은 크게는 손바닥만 하게 만들고, 작게는 달걀만 하게 만들어. 송편하고 비슷하게 반죽에 팥, 검정콩, 푸르대콩 등을 넣고 솔잎 위에 얹어 쪄 내지.

이 떡을 머슴들이 각자 나이만큼 헤아려서 먹는단다. 잔치도 하고 기분 좋게 떡도 먹으며 즐김으로써 머슴들이 앞으로 기운 내어 일할 수 있도록 북돋워 주는 거야. 나이떡 먹기는 머슴날 시작된 풍습이지만, 이후에는 2월이면 누구든 나이만큼 떡을 헤아려 먹는 풍습으로 이어지기도 했어.

머슴날을 맞아 그해에 성년이 되는 청년의 성년식을 하기도 했어. 청년이 마을 머슴들에게 술을 사야 성년으로 인정해 주는 거야.

머슴날은 일과 휴식을 고르게 하여 즐겁게 살려는 삶의 지혜가 담긴 풍속이야. 마냥 일만 하며 살면 힘드니까 서로를 위로하고 북돋는 거지. 이건 사람이 살아가는 데에 꼭 필요한 일이라고.

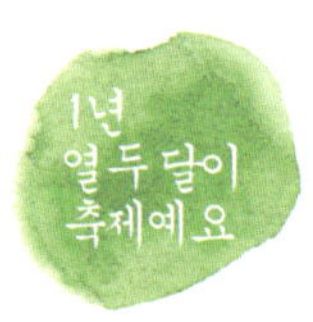

대추나무 시집보내기

너희들은 '명절' 하면 뭐가 가장 먼저 떠오르니? 설날? 아니면 추석? 나는 단오가 제일 먼저 떠올라. 단오는 정말 시끌벅적하고 즐거운 명절이거든. 에이, 단오가 무슨 명절이냐고? 무슨 그런 서운한 말씀을!

음력 5월 5일인 단오는 예부터 아주 중요하게 여겨 온 명절이야. 설, 추석과 함께 우리 민족의 3대 명절로 꼽혔지. 단오는 좋은 기가 풍부한 날이래. 그래서 이날 여러 가지 놀이와 일들을 벌여 사람들의 기를 북돋우려고 했어. 옛사람들은 3월 3일, 7월 7일처럼 홀수가 겹치는 날에 좋은 기운이 있다고 믿었거든.

단옷날의 여러 풍속 중 재미있는 것은 대추나무 시집보내기야. 대추나무가 어떻게 시집을 간다는 건지 신기하지?

 "오늘 아침에 대추나무 시집보냈어?"

사람들은 단옷날 아침이면 대추나무의 가지와 가지 사이에 돌을 끼워 넣는단다. 그러면 나뭇가지는 위로 자라지 않고 옆으로 뻗어 자라게 돼. 옆으로 자란 줄기는 더 많은 햇빛을 받을 수 있을 뿐 아니라 바람도 잘 통해서 열매 맺기에 좋지.

대추나무에 대추가 많이 열리기를 바라며 대추나무 시집 보내기를 했다.

이게 바로 대추나무를 시집보내는 방법이야. 사람들은 대추나무에 대추가 많이 열리기를 바라는 마음으로 단오에 대추나무 시집보내기를 해 왔어.

한창 더울 때인 단오 즈음에는 이런 풍습이 많아. 음력 5월 13일에는 죽순일이라고 해서, 이때 대나무를 심으면 잘 자란다고 해. 이때는 비도 많이 오고 날이 더워서 나무를 심고 키우기에 적당하거든.

단옷날에는 이 밖에도 재미있는 일들이 많단다. 단오는 시끌벅적하고 즐거운 명절이라고 했잖아. 이날은 수리취떡과 쑥떡을 만들어 나눠 먹

신윤복 〈단오풍정〉 : 여자들은 단옷날 창포물에 머리를 감고 그네뛰기를 했다.

고, 여러 가지 민속놀이를 즐기지.

남자들은 단옷날이 되면 한판 씨름을 즐겼어. 씨름은 삼국 시대 이전부터 이어져 온 오랜 민속놀이야. 두 사람이 살과 살을 맞대고 힘을 겨루지. 서로를 쓰러뜨리려고 경쟁하는 거지만, 그 모습이 서로를 지탱하는 것처럼 보이기도 해. 함께 어우러져 사는 삶이 민속놀이에도 담긴 것 같아.

여자들의 경우는 그네뛰기를 하거나 창포에 머리 감기, 물맞이 등을 하지. 창포라는 풀을 삶은 물로 머리를 감으면 잡귀를 물리칠 수 있다고 하거든. 폭포 같은 곳에서 떨어지는 물줄기를 온몸으로 맞는 물맞이는 피부병을 막는다고 해. 여름에는 땀이 많이 나고 날이 습해서 피부병이 생기기 쉬운데, 물맞이를 통해 건강을 지킨다고 믿었지. 물맞이를 하면 허리도 아프지 않다고 해서 많은 여자들이 즐겼어.

　많은 놀이와 풍속을 보니까 옛사람들이 단오를 얼마나 특별한 명절로 여겼는지 알 수 있겠지?

풍악을 울리며 호미씻이

농사를 가장 중요한 일로 여겼던 옛사람들에게 농기구는 아주 소중한 물건이었어. 손에 쥐고 일하는 농기구는 또 다른 손이라고 할 수 있을 정도지.

사람들이 흔히 사용하는 농기구 중에 호미라는 것이 있어. 손바닥만한 크기에 끝이 뾰족한 쇠판이 구부러져 있는 모양이야. 이것을 땅에 넣고 잡아당기면 땅이 잘 뒤집어져. 즉 호미는 땅을 고르게 하는 김매기에 알맞은 농기구야. 호미로 땅을 슬쩍 파서 씨를 뿌리기에도 좋지.

7월이 되면 호미의 이름을 딴 호미씻이라는 걸 해. 7월 보름쯤에 하루 날을 받아서 즐기며 노는 거야. 이때쯤이면 농사일에서 특히 힘들다는 김매기와 씨뿌리기 같은 일들이 모두 끝

호미는 가장 흔히 사용하는 농기구라 농부에게는 아주 소중한 물건이다.
[사진제공 _ 국립민속박물관]

이 나거든. 농사꾼들은 이제 조금 여유를 갖고 수확할 날을 기다리면 되지.

뙤약볕 아래에서 아침저녁으로 농사일을 했으니 이쯤 되면 좀 쉬고 싶지 않겠어? 게다가 힘든 일이 거의 끝나서 얼마나 홀가분하겠어?

호미씻이를 하는 날이면 사람들은 각자 준비한 술과 음식을 가지고 시원한 나무 그늘 아래로 모여. 농사일할 때 흥을 돋웠던 북, 장구, 꽹과리, 징도 빠질 수 없지. 이 악기들로 풍악을 울리면서 힘든 농사일을 해낸 것을 기뻐하고 하루를 즐기는 거야.

그렇다고 그냥 놀기만 하면 재미가 덜하겠지? 그때까지 농사가 가장 잘된 집에서 최고의 일꾼을 한 명 뽑아. 최고의 일꾼으로 뽑히는 것은 큰 영광이라고 할 수 있지. 사람들은 일꾼의 머리에 삿갓을 씌우고 황소

에 태운 뒤 주위를 둘러싸고 노래하며 춤을 춘
단다.

　이것은 온 마을을 돌아다니며 이루어지지. 최
고의 일꾼과 함께 호미씻이를 즐기는 거야.

　자, 이렇게 되면 농사가 잘된 집에서도 가만

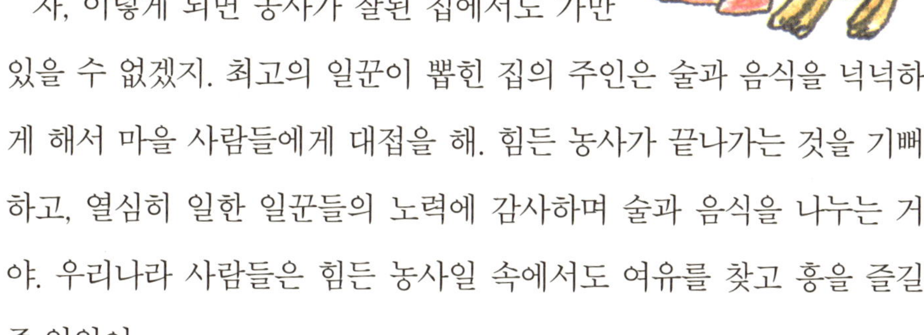

있을 수 없겠지. 최고의 일꾼이 뽑힌 집의 주인은 술과 음식을 넉넉하
게 해서 마을 사람들에게 대접을 해. 힘든 농사가 끝나가는 것을 기뻐
하고, 열심히 일한 일꾼들의 노력에 감사하며 술과 음식을 나누는 거
야. 우리나라 사람들은 힘든 농사일 속에서도 여유를 찾고 흥을 즐길
줄 알았어.

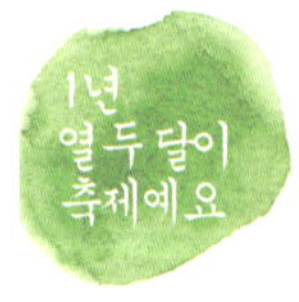

소먹이놀이와 거북이놀이

음력 8월 보름, 그러니까 추석이 되면 지역마다 조금씩 다르긴 했지만 소먹이놀이와 거북이놀이를 하곤 해. 놀이 이름이 참 재미있지?

소먹이놀이는 사람이 소처럼 꾸며서 먹이를 구하는 놀이야. 먼저 두 사람이 엎드리면 그 위로 멍석을 덮지. 이제 소의 몸통이 완성된 거야. 그럼 한쪽 사람은 막대를 양손에 들어 위로 세우고, 다른 쪽 사람은 막대 하나를 멍석 밖으로 내밀어. 세운 막대 두 개는 소의 뿔이 되고, 반대쪽 막대 하나는 소의 꼬리가 되어 소 모습이 완성되는 거야.

그러면 한 사람이 소를 끌고 가. 이때 여러 사람들이 소의 뒤를 따른단다. 소는 마을 이곳저곳으로 소 울음소리를 내며 다녀. 그러다 한 집의 대문 앞에 서서는 소를 끌고 가던 사람이 대문을 두드리며 소리치지.

소 울음소리를 듣고 집주인이 나와서 소를 마당으로 들어오게 하고
맛난 음식을 가져다주는 거야. 소와 일행들은 이런 식으로 여러 집을 돌
아다니며 술과 음식을 얻어먹어. 사람들은 소먹이놀이를 통해 함께 어
우러지고 나누며 추석을 보내는 거야.

거북이놀이도 소먹이놀이와 비슷해. 다른 점은 거북이 모양으로 꾸
민다는 거지. 추석날 밤, 마을 청년들은 둥근 멍석으로 커다랗게 거북이
몸통을 만들고, 박으로 거북이 머리를 만들어. 멍석
아래에는 세 명의 사람이 들어가. 한 사람은 박을
써서 거북이 머리가 되고, 나머지 두 사람은 양
쪽에 서서 거북이 몸통이 되지.

먼저 만들어진 것은 어미 거북이야. 나머지 사
람들이 도롱이를 머리부터 뒤집어써서 새끼 거북이
행세를 해. 거북이들은 집집마다 돌아다니며 놀다가 한
집에서 어미 거북이가 쓰러진 시늉을 하면 새끼 거북이
들까지 쓰러지며 꼼짝도 하지 않아.

“거북아, 거북아, 왜 그러느냐?”

“바다 건너 복을 가지고 예까지 오느라 지쳤단다.”

“무얼 먹어야 힘이 날까?”

“고기, 떡, 과일이 먹고 싶구나.”

거북이의 말을 들은 집주인은 고기와 떡, 과일을 내오지. 그러면 거북
은 그 집의 복을 빌고 음식을 맛나게 먹는 거야. 이렇게 떠들썩하고 즐
거운 명절 밤이 저물었단다.

나는 말이야, 밖에서 친구들하고 신 나게 놀고 들어와서 배부르게 먹고 늘어지게 자는 게 제일 행복해. 공부를 하거나 부모님의 일을 거들거나 할 때가 아니면 대부분은 그렇게 시간을 보내지만 말이야. 하하.

그리고 보면 어른들은 정말 열심히 일해. 우리나라 사람들이 원래 엄청나게 부지런하고 성실

하잖아. 하지만 생각해 보면 어른들이 말은 안 해도 편안한 집에서 푹 자고, 따뜻한 옷을 멋지게 차려입고, 함께 맛있는 음식 먹는 걸 아주 좋아하는 것 같아.

어쩌면 다들 열심히 일하는 이유도 잘 먹고, 잘 입고, 잘 자기 위한 게 아닐까? 이제부터는 우리가 날마다 혹은 계절이 바뀔 때마다 무얼 먹고, 무얼 입고, 어떤 곳에서 잠을 잤는지 알려 줄게. 사실 자고 입고 먹기가 바로 사는 것, 곧 생활이잖아.

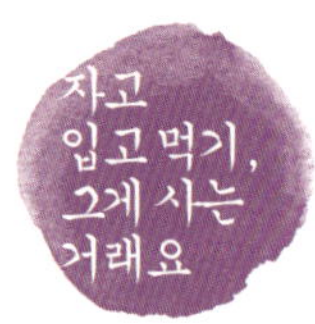

눈밭에서도 빠지지 않는 설피

하늘에서 눈이 와. 온 세상이 하얗게 변했지. 눈
싸움에 신이 나겠다고? 글쎄, 눈이 며칠 동안 쉴
새 없이 내리고 나니 눈싸움을 하기도 힘들 정도

로 눈이 쌓이고 말았어. 발을 잘못 짚었다가는 푹 빠지고 말거야. 하지만 큰 걱정은 없어. 설피가 있으니까!

설피는 눈이 올 때 신는 신발이야. 우선 신발을 신고 그 바닥에 다시 덧신는 신이지. 크기가 보통 신발의 서너 배는 될 정도로 커. 설피를 신으면 내 발이 마치 거인의 발처럼 커져서 기분이 좋아.

타원 모양의 설피는 주로 다래덩굴이나 칡덩굴, 노간주나무로 만들어. 나무에 불기운을 쬐면 잘 구부러지거든. 나무를 타원형으로 구부려서 먼저 설피의 틀을 만들어. 끈이나 덩굴로 틀 사이를 엮어서 발바닥을 만들지. 먼 옛날에는 곰 가죽으로 바닥을 엮었다고 하는데, 곰 가죽은 쉽게 구할 수 없기 때문에 주로 삼끈을 써.

설피 위에 신발을 올리고 설피와 신발을 꽁꽁 묶으면 눈이 온 날의 외출 준비가 다 된 거야. 설피는 바닥이 넓어서 눈을 밟아도 푹 빠지지는 않아. 조심조심 발을 내디디면 넓은 바닥면 덕분에 눈 위에서도 잘 걸을 수 있지.

"아이고, 눈이 많이 쌓였는데 어찌 왔는가?"

"어찌 오긴? 설피 신고 조심조심 왔지."

"설피 덕분에 마실 오니 참 좋구먼."

"마실뿐인가 어디? 설피 신고 꿩 사냥도 나가세."

눈이 오는 날에는 신발 밑에 바닥이 넓은 설피를 덧신어 발이 빠지지 않도록 했다.
[사진제공 _ 한국관광공사]

설피는 눈 오는 날 꼭 필요한 신발이야. 겨울이면 꿩 사냥이며 토끼 사냥을 하곤 하는데, 설피는 이때에도 꼭 필요하지.

눈이 올 때 신었던 건 설피뿐만이 아니야. 사람들은 눈 위에서 편리하게 이동할 방법을 찾다가 '설매'를 만들었어. 설매는 나무를 얇고 길게 깎아서 앞부분을 구부려 만들어. 겨울에 타는 스키랑 비슷하게 생겼어.

사람들은 힘겨운 자연환경을 극복하기 위해 자연 속에서 재료를 찾아 유용한 생활용품을 만들어 썼어.

도롱이 위로 빗물이 도로롱

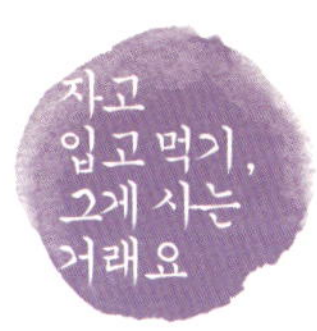

“아이고, 갑자기 웬 비라니?”

“아버지, 비 맞으셨네요?”

“그래, 어서 도롱이 좀 내와라. 입고 논에 가야겠다.”

“예, 여기 이 도롱이 입으세요.”

사람들은 비가 오는 날이면 도롱이를 찾았어. 도롱도롱 도롱이! 이름이 귀엽지? 도롱이가 뭐냐 하면, 비를 피하는 비옷 같은 거야. 도롱이는 지역에 따라 다양한 이름으로 부른단다. 도래이, 도리, 도렁이, 되롱이 등이지. 하나같이 귀여운 이름이지?

도롱이는 비가 오는 날에 논이나 밭에서 일할 때 쓰면 아주 편리해. 논밭에서는 손에 호미를 들어야 할 때도 있고 삽을 들어야 할 때도 있잖아. 도롱이를 입으면 비를 피하면서도 손이 자유로워 일하기에 좋거든.

도롱이를 만드는 재료로는 볏짚을 가장 많이 쓰고, 억새나 부들, 보릿짚도 써. 재료마다 좋은 점과 나쁜 점이 있지. 볏짚으로 도롱이를 만들면 잘 바스라지지 않아 두르기는 편하지만 무게가 무겁고, 볏짚으로 빗물이 스미는 단점이 있어.

억새로 만든 도롱이는 바스락거리며 바스라지는 것이 불편하지만 빗물을 막는 데는 더 좋지. 평야 지대에서는 볏짚이 흔해서 볏짚으로 도롱이를 주로 만들고, 산간 지역에서나 억새로 도롱이를 만들어.

도롱이를 만들 때는 먼저 볏짚이나 억새를 엮어서 그 틀을 만들어. 바깥쪽에는 볏짚이나 억새를 그대로 늘어뜨리지. 그래야 모양은 유지되면서 떨어지는 빗물이 그대로 아래로 흘러내리게 되거든. 머리나 어깨에서부터 온몸을 감싸 주는 도롱이는 비 오는 날의 필수품이야.

비 오는 날이면 특별히 찾는 것이 한 가지 더 있어. 바로 나막신이야. 짚신이나 고무신은 굽이 없기 때문에 빗물이 고인 땅을 밟고 지나가려면 발이 젖기 쉬워. 그래서 만들게 된 것이 나막신이야.

나막신은 나무로 만드는데, 굽이 달려 있어서 비 오는 날에 유용해. 나막신의 굽은 따로 만들어 다는 것이 아니라 처음 나무로 신을 깎을 때부터 같이 깎아 만들어. 도롱이가 비 오는 날 몸을 젖지 않게 지켜 준다면, 나막신은 빗물이 튀지 않고 진흙에 빠지지 않도록 발을 보호해 주지.

얼굴을 가리는 장옷

혹시 '남녀칠세부동석'이라는 말을 들어 보았니? 조선 사람들은 유교를 믿고 따랐고, 유교에서는 남녀를 구별하곤 했어. 남녀가 일곱 살만 되어도 함께 자리를 하지 않는다고 했지. 어릴 때는 모르지만 어느 정도 자라서는 남녀가 친구처럼 서로 어울리지 못하는 거야. 신랑 신부가 서로 얼굴도 제대로 보지 못하고 혼인을 하는 것도 이런 이유에서 시작이 되었지.

당시 여인들은 외출을 할 때면 장옷을 입었어. 장옷은 소매도 있고 옷고름도 있지만, 소매를 꺼서 입는 옷은 아니야. 몸에 걸쳐 입는 것이 아니라 이마에서부터 턱 아래로 둘러 겨우 앞만 볼 수 있게 얼굴과 몸을 가리는 옷이지. 여인의 얼굴을 다른 남자에게 함부로 보이지 않기 위해서야.

장옷은 아주 고운 색으로 만들어. 얼굴을 가리는 데 쓰는 옷이어도 여

신윤복 〈연소답청〉: 말에 탄 여인이 장옷을 입고 있다. 장옷은 다른 남자들에게
얼굴을 보이지 않기 위해 가리는 옷이다.

인의 옷이라 곱게 만드는 거지. 장옷은 보통 분홍, 보라, 옥색 등으로 만
들고, 때론 겉은 초록에 안감은 자주색과 같은 식으로 겉과 안의 색을
달리해서 만들기도 해.

장옷과 비슷한 옷으로 쓰개치마라는 것도 있어. 장옷은 대개 일반 서
민들이 입고, 쓰개치마는 양반댁 여인들이 입지. 쓰개치마도 장옷처럼
얼굴을 가리기 위한 옷인데 모양이 조금 달라. 이건 이름처럼 치마와 같
은 모양이고, 다만 길이와 폭 모두 치마보다 짧고 좁아. 그래야 덜 거추

장스러울 테니까. 쓰개치마는 치마허리 부분을 이용해서 이마에서 턱까지 둘러쓰고 치마허리끈을 손으로 잡아 입어.

　여인들이 외출할 때 장옷을 챙겨 입는다면, 남자들은 두루마기를 꼭 갖춰 입는단다. 두루마기는 한복의 저고리와 모양은 같고, 다만 그 길이가 아주 길게 만들어진 옷이야. 무릎까지 내려올 정도로 길게 입지.

　두루마기는 여자들도 입긴 하지만, 여자들은 그저 추위를 막으려고 입어. 남자들의 경우는 추워서 입긴 해도 무엇보다 예를 갖추기 위해 입는 거야. 얼굴을 가리는 장옷이나 예를 갖추는 두루마기. 이런 것들을 보면 알 수 있듯이 옛 사람들은 옷으로도 예를 지키려 애썼어.

처녀 총각은 댕기 머리

저기 멀리서 그네를 타는 소녀가 보여. 그네가 왔다 갔다 할 때마다 소녀의 빨간 댕기가 바람에 날려서 참 예쁘다. 앗, 그런데 꽃분이잖아! 어쩐지 누가 저리 예쁜가 했네.

꽃분이처럼 여자아이들은 머리에 댕기라는 천을 매어 장식해. 길게 자란 머리를 땋아서 그 끝에 댕기를 달아 주는 거지. 댕기는 멋을 내기에도 좋고, 머리를 단정하게 하는 장식품이기도 해.

댕기는 종류도 다양해. 도투락댕기, 배씨댕기, 제비부리댕기, 쪽댕기 등이 있지. 도투락댕기는 어려서 머리가 아주 길지 않을 때 사용하는 댕기야. 배씨댕기는 서너 살 정도의 어린아이가 하는 댕기로, 머리카락이 충분히 자라지 않았을 때 하지. 제비부리댕기는 가장 흔한 댕기로, 혼인하지 않은 처녀, 총각이 하는 댕기야.

댕기는 남자들도 하거든. 처녀는 붉은색 제비부리댕기를 하고, 총각

혼인하지 않은 처녀와 총각들은 머리를 길게 땋아서 그 끝에 댕기를 매었다.
[사진제공 _ 한국관광공사]

은 검은색 제비부리댕기를 해.

마지막으로 쪽댕기는 혼인한 여자들이 하는 댕기야. 보통 댕기는 혼인하지 않은 사람들이 하지만, 혼인을 하여 머리를 올리고서 더욱 멋을 내기 위해 쪽댕기를 하기도 해.

옛말에 '더벅머리 댕기 치레한다'는 말이 있어. 더벅머리라면 제대로 땋기도 힘든 더부룩한 머리인데, 여기에 댕기를 달아 장식을 했다는 거지. 그러니까 바탕하고는 어울리지 않게 지나친 겉치레를 해서 보기 좋지 않다는 말이야. 뭐든 지나친 건 좋지 않잖아.

댕기풀이는 성년식을 한다는 의미야. 성년이 되면 남자들은 댕기를 풀고 상투를 튼 다음 갓을 쓰거든.

어른들은 항상 몸가짐을 바르게 하라고 해. 몸가짐을 바르게 해야 마음도 가지런하게 정돈된다고 하지. 또 몸가짐이 바르면 그 사람이 바르게 보이잖아. 댕기도 단지 장식만 하는 게 아니라 몸가짐을 바르게 정돈하는 물건 중 하나인 거지.

경쾌한 다듬이질 소리

우리나라 사람들이 예부터 좋아하던 소리가 세 가지 있어. 그게 뭔지 아니? 첫 번째는 책 읽는 소리이고, 두 번째는 아기 우는 소리야. 배우고 익히는 일을 중요하게 생각하고, 아기를 무척 사랑했기 때문에 그렇겠지? 세 번째로 좋아한 소리가 바로 다듬이질 소리야.

다듬이질을 할 때 나는 소리는 맑고 경쾌하면서도 박자가 잘 맞아서 마치 악기 연주를 듣는 것처럼 흥이 나기도 해. 하지만 이 소리를 좋아한 진짜 이유는 다듬이질로 옷감과 이불을 일일이 다듬는 정성 때문일 거야. 가족을 위해 애쓰는 어머니의 마음 말이야. 그 마음을 다듬이질 소리에서 느끼는 거지.

다듬이질은 다듬잇돌이라는 받침대에 옷감을 올려놓고 두 개의 다듬잇방망이로 두

드리는 걸 말해. 이렇게 두드려서 옷감을 반듯하게 손질하지.

어머니는 빨래터에서 옷을 빨고 나면 옷감에 풀을 먹이곤 하셔. 풀을 먹인다는 건 쌀이나 밀가루로 걸쭉하게 풀을 쑤어서 그 속에 옷감을 넣어 적시는 걸 말해.

풀을 먹인 옷감은 빨랫줄에 널어서 말려. 이때 너무 바짝 말리지 않고 조금 덜 말라 꿉꿉할 때 걷어. 그 옷감을 다듬잇돌에 올려놓고 두들기면 옷감이 잘 펴질 뿐 아니라 풀이 고르게 옷감에 배어서 표면이 매끈해진단다.

우리나라 사람들이 예부터 흰옷을 즐겨 입었다는 것은 알고 있지? 다듬이질은 흰옷을 입는 우리에겐 아주 적당한 옷감 손질 방법이야. 다듬이질로 표면이 매끈해진 옷감은 때가 덜 타거든. 혹 때가 탔더라도 빨래를 하면 풀과 함께 빠져나가기 때문에 때가 더 잘 없어지지. 다듬이질을 하면 흰옷을 깨끗하게 오래 입을 수 있을 뿐 아니라 빨래하기도 쉬워지는 거야.

그렇지만 방망이로 계속 옷감을 두드리는 게 쉬운 일은 아니야. 팔도 아프고, 얼마나 지루하겠어? 그만큼 다듬이질에는 어머니의 정성이 가득 담겨 있지.

때로 다듬이질은 어머니의 감정을 다스리기 위한 일이 되기도 했어. 어머니들은 속상한 일이 있을 때 다듬이질을 하면서 마음에 쌓인 화나 울분, 슬픔 등을 풀곤 한대. 방망이로 옷감을 힘껏 두드리면 왠지 기분

풀을 먹인 옷감이 조금 덜 말랐을 때 걷어 다듬이질을 하면 옷감이 잘 펴지고 풀이 옷감에 고르게 배어 매끈해진다. [사진제공 _ 한국관광공사]

이 풀릴 것 같잖아? 그래서 시집간 딸을 처음 찾아가는 친정아버지가 다듬잇돌을 가져가는 풍습이 있어. 시집살이의 어려움을 다듬잇돌을 두드리며 풀어내라는 거지. 어쩐지 슬프기도 하고, 슬기롭기도 한 이야기야.

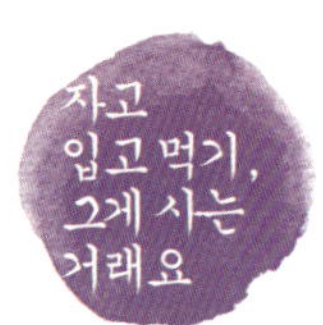

코를 닮은 벽난로, 고콜

산골 마을의 밤이 깊어지고 있어. 방 안에는 어둠 속에서 빛을 내며 방 안을 따뜻하게 데우는 불빛이 있지. 바로 고콜이야. 고콜은 '코클', '코굴'이라고도 하는데, 생김새가 사람의 코를 닮았기 때문에 그렇게 불러.

고콜은 벽난로의 역할을 한단다. 방 모서리에 사람 코 모양으로 불룩하게 튀어나온 부분이 있고, 그 아래에 구멍이 있어서 여기에 불을 지펴. 그러면 고콜에서 따뜻한 불기운과 불빛이 새어 나와 온 방 안으로 퍼지지.

고콜은 앉아서 불을 지피기 좋은 위치에 만들어. 아궁이 모양의 턱을 만들고 그 위로는 둥글게 코 모양을 만들지. 여기에 불을 피우면 연기가 까치구멍으로 나가게 되어 있어. 고콜을 위한 굴뚝을 만든 것이 아니라 지붕 양쪽에 연기가 빠져나갈 구멍을 만든 거지. 이 구멍을 까치구멍이라고 해.

“고콜에 불을 더 지펴요. 날이 많이 추워졌어요.”

“그럴까? 관솔을 더 넣어 지펴야겠군.”

산골 마을의 겨울밤은 무척 춥지만 고콜 덕분에 추위를 잊을 수가 있어.

또 하나 추위를 막아 주는 중요한 것이 있어. 그건 바로 화티라는 거야. 화티는 작은 아궁이로, 불씨를 보관해 두는 곳이야. 산골 마을의 부엌 아궁이 옆에는 대개 화티가 있어.

불은 음식을 익히기도 하고, 추위를 막아 주기도 하는 중요한 거잖아. 그렇지만 불을 쉽게 일으키는 도구가 없어서 불이 아주 귀했단다. 사람들은 불씨를 아주 소중하게 여겼어. 불씨는 말 그대로 불의 씨앗으로, 곡식의 씨앗과도 같아. 불을 크게 피우기 위한 씨앗 말이야.

불씨를 꺼뜨려서는 안 되는 겨울이면 언제나 화티에 불씨를 보관해. 불씨를 꺼트리면 집안의 복이 나간다고 여길 정도로 귀하게 여겨서 잘 보관해 두는 거야.

똥장군도 장군일까?

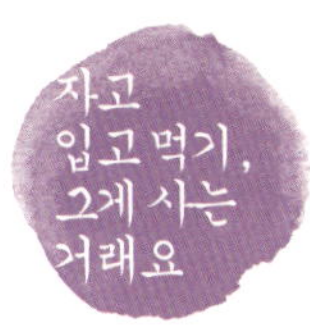

그 이름도 유명한 똥장군을 알고 있니? 계백 장군, 을지문덕 장군, 이
순신 장군밖에 모른다고? 음, 그렇게 말하니까 갑자기 말문이 막히는걸.
똥장군은 그런 장군들과는 다른 장군이거든.

똥장군은 농부들에게 큰 사랑을 받는 장군이야. 농부들은 똥장군을
지게에 지고 다니며 소중하게 다루지. 도무지 무슨 말인지 모르겠다고?
하하, 이제부터 똥장군에
대해 이야기해 줄게.

지금은 수많은 직업이

똥장군은 거름으로 쓸 똥을
담아 나르는 그릇이다.
[사진제공 _ 국립민속박물관]

129

있지만, 조선 시대나 그 이전 시대에 살던 사람들은 대부분 농사꾼이었어. 회사에 다니거나 장사를 해서 번 돈으로 마트에서 장을 보는 것이 아니라, 먹을 것을 얻기 위해 스스로 농사를 지었지. 농작물이 잘 자라게 하려면 거름이 필요해. 땅이 있어도 거름이 없으면 농사를 잘 지을 수 없거든.

"아이고, 구수한 냄새가 나는군. 거름하나?"

"예, 밭에 거름하려고 똥장군 채우고 있어요."

"똥장군 덕에 밭이 더 기름진 땅이 되겠군."

바로 이 거름 때문에 똥장군이 필요한

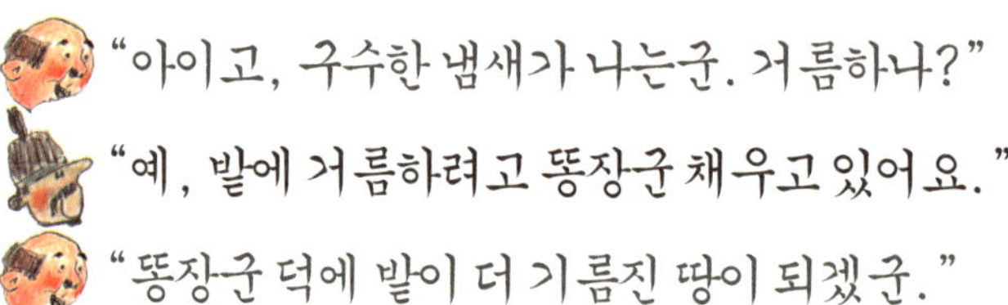

거야. 똥장군은 거름으로 쓸 똥을 담아 나르는 그릇이거든. 농부들은 뒷간에 있는 똥을 똥장군에 퍼 담아서 지게에 지고 논밭으로 가져가 뿌려.

똥장군은 보다시피 좀 특이한 모양으로 생겼어. 몸통 중간에 구멍이 있는 그릇을 '장군'이라고 부르지. 그 속에 술을 넣으면 술장군, 오줌을 넣으면 오줌장군, 똥을 넣으면 똥장군이야. 똥장군은 푸레독, 푸레장군이라고 부르기도 해.

장군이라면 같이 다니는 동료나 부하들이 있겠지? 똥장군도 마찬가지로 늘 함께하는 동료들이 있어. 손잡이가 긴 바가지와 작은 바가지, 짚으로 만든 뚜껑, 똥지게 들이지.

농부들은 봄이면 뒷간에 모인 똥을 긴 손잡이가 달린 바가지로 퍼서 똥장군에 담아. 똥장군은 보통 항아리보다 크기가 커서 똥을 많이 담을 수 있지. 모두 담고 나면 똥장군의 주둥이를 짚으로 막고 똥지게에 올려. 그리고 논이나 밭으로 가서 작은 바가지로 퍼서 뿌리는 거야. 뒷간에서 혹은 똥장군 속에서 삭힌 똥은 좋은 거름이 되어 논밭을 기름진 땅으로 만들어 준단다.

농부들은 화학 비료가 없기 때문에 똥, 오줌, 풀, 짚 등을 거름으로 사용해. 이런 것들이 땅을 어떻게 만들고 농사에 어떤 영향을 주는지 농부들은 잘 알고 있는 거야. 너희는 '옛날 옛적에 무슨 과학이 있었어?' 하고 생각하겠지만, 실은 꽤 과학적인 생활을 했다고.

냉장고가 필요 없는 나무김칫독

날씨가 추워지면 사람들은 여러 가지로 겨울 대비를 해. 그 중 하나가 김장이야. 서리만 내려도 물기 많은 채소들은 물러져서 신선하게 먹을 수가 없거든. 겨우내 야채를 먹으려면 김장이 반드시 필요해. 김장은 추위가 시작될 때인 입동 무렵에 많이 하지.

나무김칫독은 땅에 묻지 않아도 김치를 오래 보관할 수 있다.
[사진제공 _ 국립민속박물관]

김장의 양은 정말 어마어마해. 김장을 할 때면 마당에 배추가 산처럼 쌓이지. 이 배추를 전부 다듬어서 김장을 담그는 거야. 대부분의 집은 할머니, 할아버지, 어머니, 아버지, 형제들까지 식구가 많은 대가족이거든. 겨울 반찬이라고 해 봐야 김치뿐일 때가 많아서 김장은 겨울 양식이나 마찬가지야.

그럼 엄청나게 많은 김장 김치를 어떻게 다 보관할까? 냉장고도 없는데 말이야. 흠, 그건 걱정 마. 냉장고보다 좋은 장소가 있거든. 바로 땅이야. 땅을 파서 김장 항아리를 묻고 그 속에 김치를 보관하는 거야.

땅속은 온도 변화가 땅의 밖보다 크지 않아서 김치가 얼거나 쉬는 걸 막을 수 있어. 사람들은 어떻게 이런 걸 알아내는지 정말 신기하다니까! 김장하는 날이면 남자들은 김장독 묻을 땅을 파야 해.

김장을 보관하는 방법이 또 하나 있어. 그건 바로 '나무김칫독'이야.

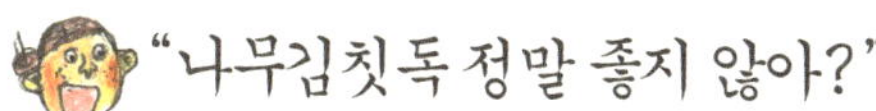

나무김칫독도 정말 신기한 물건이야. 나무김칫독은 피나무와 소나무

　를 가지고 만들어. 재질이 연한 피나무로는 김칫독의 몸통을 만들지. 둥근 나무통의 속을 파면 몸통이 돼. 위아래가 뻥 뚫린 몸통의 바닥은 재질이 강한 소나무로 만들어. 편평한 소나무 위에 둥근 피나무 몸통을 놓는 거야.

　나무김칫독은 땅에 묻지 않고 그냥 두어도 온도 변화가 적어서 오랫동안 김치를 보관할 수 있어. 나무는 항아리보다 온도 변화가 적기 때문에 땅에 묻지 않아도 오래 보관할 수 있는 거야. 나무김칫독은 자연적이지만 과학적인 발명품이자 생활품이야.

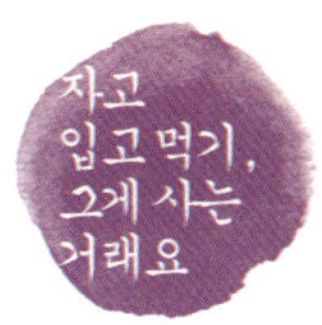

빙글빙글 도리깨

"도리도리 짝짜꿍! 도리도리 짝짜꿍!"

갑자기 뭐하는 거냐고? 아기랑 놀아 주는 거야. 예전에 장가간 개똥이 삼촌 있잖아. 벌써 아기를 낳았거든. 아기가 함박 웃으면서 재롱을 부리는데 어쩌나 귀여운지 몰라. 내가 "도리도리!" 하면 고개를 흔들고, "짝짜꿍!" 하면 손을 앞으로 모으면서 치려고 해. 아직 제대로 짝짜꿍을 하지는 못하지만 그래도 얼마나 대견하다고!

농부들이 쓰는 농기구에도 아기의 '도리도리'처럼 빙글빙글 도는 것이 있단다. 그건 타작할 때 쓰는 도리깨야. 타작이란 곡식의 이삭을 떨어내는 걸 말해. 도리깨는 긴 막대기 한끝에 가로로 구멍을 뚫어 작은 막대를 끼우고, 이 작은 막대에 곧고 가느다란 나뭇가지 두세 개를 매어서 만들지.

손잡이 부분은 '장치' 혹은 '장치목'이라고 하고, 낟알을 떨어내는 나뭇가지 부분은 '도리깻열'이라고 해. 도리깻열은 물푸레나무를 쓰지. 가늘고 긴 두세 개의 나무줄기가 위에는 묶여 있고, 아래로 갈수록 갈라져 있어.

장치와 도리깻열을 연결하는 작은 막대는 고들개라고 해. 도리깻열은 고들개에 끈으로 묶여 있지만, 고들개는 장치에 끼워져 있기 때문에 장치를 잡고 휘두르면 고들개가 도리깻열과 함께 빙글빙글 돌아가.

농부들은 타작할 때에 장치를 쥐고 휘둘러. 그러면 도리깻열이 빙글

도리깨는
타작할 때 쓰는
농기구다.

김홍도 〈벼 타작〉: 한 해 동안
열심히 농사짓고 수확하는
타작은 언제나 흥겨웠다.

돌다가 보리나 콩을 내리쳐서 낟알을 떨어내는 거야. 고들개가 휭휭 잘
돌아갈수록 타작이 더 잘되지.

도리깨라는 좋은 도구가 있긴 하지만, 타작은 쉬운 일이 아니라서 이
웃끼리 서로 도와가며 한단다.

타작을 하다 보면 난처한 일이 생기기도 해. 보리를 타작할 때면 도리
깨에 맞아 떨어지는 낟알이 옷 속으로 들어가기도 하거든. 보리의 낟알
은 끝에 긴 털이 있어서 옷 속으로 들어가면 여간 깔끄럽지 않다니까.

농부들의 타작은 언제나 흥겨워. 한 해 동안 열심히 농사를 짓고, 그
수확으로 낟알을 얻으니 어찌 기쁘지 않겠어? 빙글빙글 도리깨는 이런
기분 좋은 일에 쓰이는 농기구야.

할아버지가 돌아가셨어요

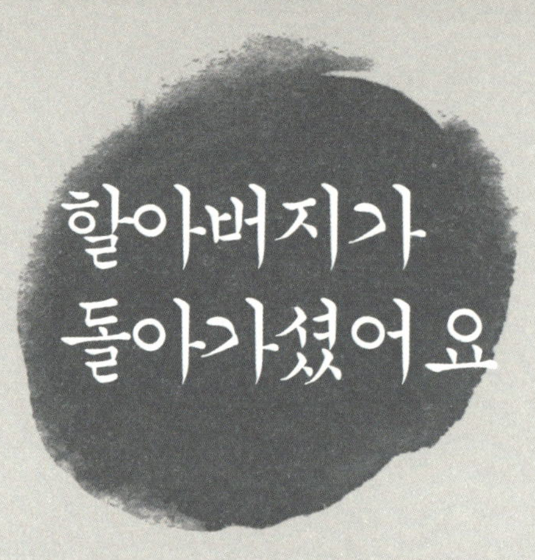

개똥이네 할아버지가 돌아가셨어. 바로 어제까지도 개똥이한테 웃어 주시고 머리도 쓰다듬어 주셨는데, 이제는 방 안에 차갑게 누워만 계셔. 개똥이는 도무지 믿을 수가 없어서 멍하게만 있어. 그러다 사람들이 할아버지의 장례를 치른다고 왔다 갔다 하는 걸 보더니 갑자기 눈물이 터졌어. 정말 이대로 할아버지를 보내 드려야 하는 걸까?

개똥이가 울고 있으니까 아버지가 오셔서,

할아버지께서 돌아가신 게 슬픈

일만은 아니라고 하셔. 다른 사람들도 자꾸만 '호상'이라고 말들을 해.

호상은 '좋은 죽음'이란 말인데, 세상에 그런 게 어딨어?

　아버지 말씀으로는 사람은 누구나 죽는 거래. 할아버지는 오랫동안

건강하고 행복하게 사시다 가셔서 사람들이 호상이라고 하는 거래. 그

러니 정성을 다해 장례를 치르고 할아버지를 잘 보내 드리자고 하셔.

휴, 아무래도 그래야 하나 봐.

저승사자님, 사잣밥 드세요

할아버지가 돌아가셔서 개똥이네 가족은 모두 슬픔에 빠져 있어. 이웃 사람들도 와서 함께 슬퍼해 주고. 하지만 슬픔에 빠져 있을 수만은 없어. 개똥이 아버지 말씀대로 할아버지가 저세상으로 잘 가시도록 장례를 치러야 하니까 말이야.

개똥이네 가족이 가장 먼저 한 일은 '사잣밥'을 준비하는 거야. 아주 오래전부터 사람들은 누군가 죽으면 몸에서 영혼이 분리되어 나온다고 믿었어. 몸은 땅에 묻히지만, 영혼은 저승으로 간다고 생각했지. 저승의 염라대왕이 저승사자를 보내서 죽은 사람의 영혼을 데리고 오게 하여 심판을 한다고 해. 저승사자는 아주 두렵지만 중요한 존재이지. 이런 저승사자를 위해 차린 밥이 바로 사잣밥이야.

사잣밥은 사람이 죽고 나면 가장 먼저 대문 밖에 차려. 죽은 이의 영혼을 잘 데려가 달라고 부탁하는 뜻으로 저승사자를 잘 대접하는 거야. 사잣밥으로는 밥 세 그릇과 동전 세 닢, 짚신 세 켤레를 놓지. 영혼을 데리러 오는 저승사자가 세 명이라고 생각하기 때문이야. 그런 사잣밥의 종류는 지방마다 조금씩 차이가 있어.

나는 얼마 전에도 마을 입구의 한 집 앞에 사잣밥이 놓인 것을 본 적이 있어. 그 집에서는 젊은 사람이 저승으로 갔다고 했지.

"쯧쯧, 젊은 나이에 안타까워서 어쩌나."

"그러게. 뭐가 그리 급해서 이리 빨리 데려갔을까?"

"태어나는 데는 순서가 있지만 죽는 데는 순서가 없다지 않아. 사람의 힘으로는 어쩔 수 없는 일이지."

옛사람들은 죽음을 슬퍼하면서도 자연스럽게 받아들였어. 누구나 한 번은 죽는 것이니까. 또 이런 이야기가 전해져 오기도 해.

먼 옛날, 염라대왕은 까마귀에게 저승사자의 일을 맡겼대. 까마귀는 저승으로 데려가야 할 사람의 이름을 나이 순서대로 적어서 저승으로 향했지. 그런데 가던 길에 잔치가 벌어진 집을 지나치게 된 거야. 맛난 음식이 가득한 잔칫집을 그냥 지나치기는 힘들었어.

까마귀는 잠시 쉬어 갈 생각으로 잔칫집에 머물며 맛난 음식을 배부르게 먹었어. 그러다 보니 저승에 가야 할 시간이 훌쩍 지났지 뭐야. 까마귀는 서둘러 다시 저승으로 향했어.

까마귀는 저승 앞에 이르러서야 저승에 데려갈 사람의 이름을 적은 종이를 두고 온 걸 알았어. 그 먼 길을 다시 돌아갈 수도 없고, 하는 수 없이 까마귀는 생각나는 대로 저승에 데려갈 사람의 이름을 적었대. 그 때부터 사람이 죽는 데에 순서가 없게 되었다고 해.

사람이 죽는다는 건 너무 무섭고 슬픈 일이야. 그래도 사람들은 죽음을 슬프지만 받아들여야 할 일로 생각하는 것 같아. 개똥이 할아버지가 돌아가신 걸 슬퍼하면서도 열심히 장례 준비를 하는 것처럼 말이야.

만가 부르며 떠나는 상여

돌아가신 할아버지의 저승길을 위해 상여를 마련했어. 상여는 죽은 사람의 시신을 묘지까지 실어 나르는 기구야. 보통 마을마다 상여를 마련해 두었다가 장례를 치를 일이 생기면 돌아가며 쓰곤 해.

상여에는 나무로 만든 여러 가지 인물상이 장식되어 있어. 팔짱을 끼고 호랑이 위에 앉아 있는 모습도 있고, 툭 튀어나온 눈매에 벙거지 모자를 쓰고 있는 모습도 있지. 이것들은 모두 아주아주 오래 살다가 신선이 되었다는 동방삭이야. 신선이니까 보통 사람과는 비교도 되지 않을 만큼 대단한 존재지.

사람들은 상여에 신선의 모습을 장식해서 죽은 사람을 안내하도록

상여 : 상여꾼들은 상여로 죽은 사람의 시신을 묘지까지 나르는 동안 구슬프게 만가를 불렀다.
[사진제공 _ 국립민속박물관]

해. 신선의 안내를 받을 정도로 죽은 사람이 대단하다는 걸 나타내는 거야. 또 저승 가는 길에 잡귀가 붙지 말라는 뜻도 있어. 상여에 붙은 인물상은 지역마다 모양과 크기가 조금씩 다르지만 죽은 사람을 위하는 마음만은 같단다.

상여가 묘지까지 가는 동안에는 '만가'라는 구슬픈 노래를 불러. 상여를 메고 가는 사람을 상여꾼 혹은 상두꾼이라고 하고, 이 사람들이 만가를 부르지. 선소리꾼이 만가를 먼저 부르면 나머지 사람들이

'어-허-어-허-'하고 후렴을 불러. 만가에는 정든 집과 가족, 이웃을 두고 떠나는 애절한 마음이 담겨 있어서 죽은 사람의 마음을 대신해 주는 듯해.

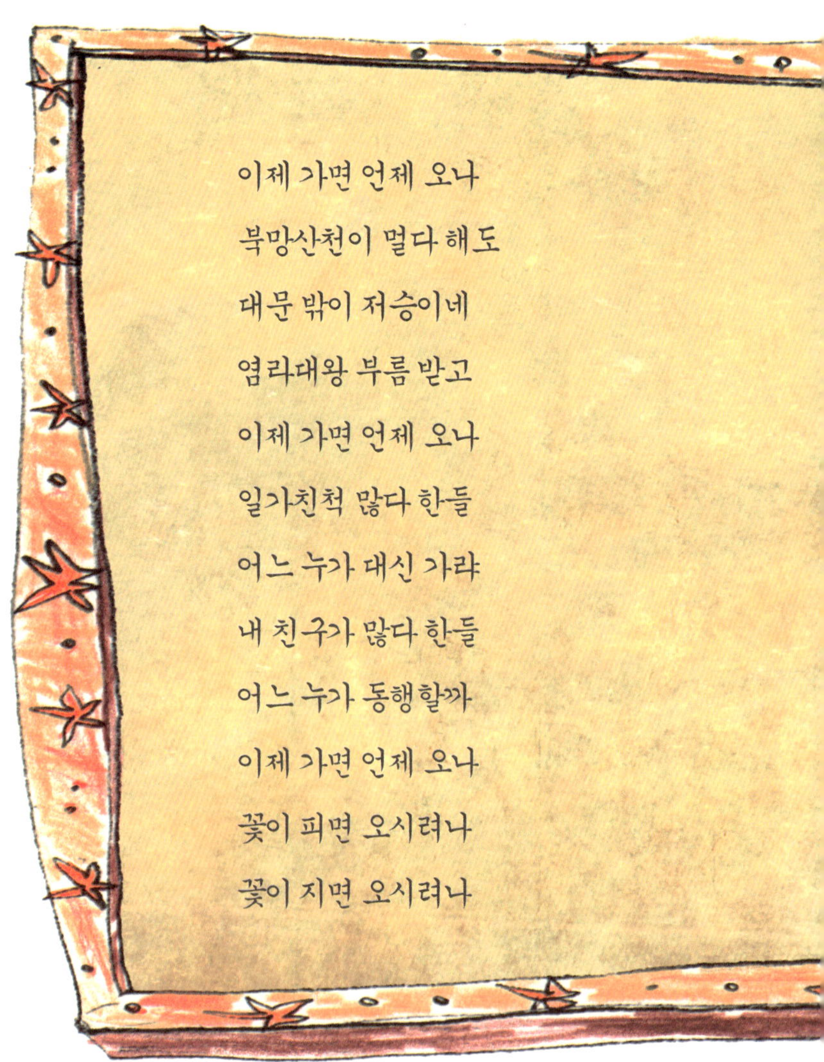

한 번 가신 우리 부모
차비가 없어 못 오시나
한 번 가신 저 저승길
여보시오 상주님네
어서 가세 바삐 가세
사랑하는 아들딸들아
꽃가마 타고 나는 간다
우리 아들딸 기를 적에
쓰디쓴 것은 부모 먹고
금이나 옥이나 길렀네
부모 은공을 누가 아리요

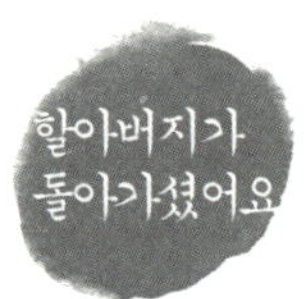

친구를 보내며 쓴 만장

죽은 이의 학식, 인품, 공덕을 적은 만장은 가장 좋은 부조였다.
[사진제공 _ 한국관광공사]

기쁨은 나누면 배가 되고, 슬픔은 나누면 반이 된다고 하지. 우리 어른들을 보면 이 말을 삶 속에서 실천하며 살고 있는 것 같아. 슬플 때는 함께 슬퍼하며 돕고, 기쁠 때도 함께 기뻐하며 즐기지.

개똥이네 할아버지의 장례 때도 이웃분들에게 큰 도움을 받았어. 할아버지의 소식을 들은 사람들이 부조를 해 주었거든. 부조라는 건 장례나 결혼식에 돈이나 물건을 보내 도움을 주는 것을 말해.

이웃이 한 부조에 돈도 있었지만 팥죽과 떡, 술도 있었어. 팥죽을 해서 상갓집에 보내는 이유는 가족의 죽음으로 슬픔에 잠겨 밥도 먹기 힘든 사람들에게 죽이라도 먹이기 위한 거야. 또 팥죽이 나쁜 기운을 없앤다고 믿기 때문이기도 해.

부조 중에서도 가장 좋은 부조로 여기는 것은 만장이야. 만장은 죽은 사람의 학식이나 인품, 살아생전 세운 공덕 등을 종이나 천에 글로 적은 것을 말해. 만장은 상여 앞에서 들고 가. 만장이 상여를 끌고 인도한다고 여기지.

"아이고, 만장이 참 많네."

"만장이 많은 것을 보니 죽은 사람의 덕이 높았던 모양이야."

"그러게 말이야. 만장에 적힌 글들을 보니 학식도 높은 양반이었구먼."

"부조는 뭐니 뭐니 해도 만장 부조가 최고지."

만장에 대해 전해져 오는 이야기가 하나 있어. 조선 시대 정승을 지낸 이항복에게는 정율이라는 친구가 있었지. 정율은 참으로 억울하고 안타깝게 죽었어. 정율의 아버지가 나라를 뒤엎으려 했다는 죄로 조정에서 매를 맞고 멀리 귀향을 가게 되거든. 정율은 단식을 하며 아버지의 억울함을 알리려 했어. 그러다 그만 피를 토하며 죽고 말았지.

이때 어느 누구도 나서서 정율의 장례를 치러 주지 않았어. 나라를 뒤엎으려 했다는 죄는 워낙 큰 죄라서, 그런 죄를 지은 사람의 아들을 돕다가 혹시라도 자기까지 피해를 입을까 봐 두려웠던 거야.

이항복은 친구를 위한 시를 지어서 몰래 정율의 관 속에 넣었다고 해. 오랜 시간이 지나 정율의 아들이 묘지를 옮기기 위해 관을 열었는데, 이항복이 시를 쓴 종이는 썩지도 낡지도 않고 마치 방금 쓴 종이 같았다고 해. 죽은 친구를 생각하는 마음이 얼마나 애절했으면 그랬을까? 그 시를 한번 읊어 줄게.

배개를 만지되 남이 볼까 무서워

소리를 삼키며 눈물만 흘리네

그 누가 날 선 칼날을 가지고서

굽이굽이 맺힌 간장을 잘라 낼고

긴긴 슬픔, 3년상

상주는 상복으로 갈아입고, 짚으로 만든 베개를 베며, 짚신을 신고 살았다.
[사진제공 _ 국립민속박물관]

개똥이네 아버지는 상주가 되어 할아버지의 장례식을 치렀어. 상주는 장례식의 주인으로 장례식의 일을 주가 되어 맡는 사람이야. 대개 돌아가신 분의 장남이 상주가 돼.

상주는 상복으로 갈아입은 뒤 머리와 허리에 짚으로 만든 줄을 감고 지팡이를 짚어. 허리에 줄을 감는 것은 죄인임을 나타내는 거야.

옛사람들은 부모님이 돌아가신 건 자식이 평소에 잘 모시지 못했기 때문이라고 생각했거든. 그래서 스스로 죄인 복장을 하고, 죄인 같은 생활을 했어.

상주는 짚으로 만든 베개를 베고, 거적을 깔고 찬 데서 잠을 자며, 짚신을 신고 살았어. 먹는 것도 평소처럼 먹지 않아서 몸도 약해지지. 그러니 지팡이를 짚어 몸을 지탱할 수밖에 없었어. 상주가 상복을 입고 지팡이를 짚는 이유로, 예부터 자연스럽게 전통이 된 거야.

부모님이 돌아가신 뒤에도 상주의 슬픔은 쉽게 사라지지 않아. 상주는 돌아가신 부모님에 대한 효심으로 3년상을 치르기도 해. 3년 동안 일상생활로 돌아가지 않고 부모님의 무덤 근처에서 부모님을 기리며 생활하는 거야. 3년은 너무 긴 시간이라고? 옛날 공자님은 '자식은 태어난 지 3년은 지나야 부모의 품을 떠나서도 살 수 있으니, 자식이 돌아가신 부모님을 위해 3년간 정성을 들여야 한다'고 말했대.

갓 태어난 아기는 부모의 보살핌 없이는 살 수가 없잖아. 부모가 갖은 정성으로 먹이고, 입히고, 씻겨야 온전한 사람으로 자랄 수 있지. 그건 적어도 3년의 시간이 필요해. 그러니 부모가 자식에게 했던 것처럼 자식도 부모를 위한 시간을 보내라는 뜻이야. 효를 중시하던 옛사람들의 정신이 장례 풍습에도 그대로 담긴 것이지.

 "3년상 하다가 멀쩡한 자식 잃겠네."

"그래, 아버지 생각하는 것도 좋지만 살아 계신 어머니 생각도 해야 지. 이러다 아들이 어머니보다 먼저 죽기라도 하면 그런 불효가 또 어디 있어?"

"그렇고말고. 3년상도 사정 봐 가며 해야지."

3년상 풍습은 그저 부모를 위한 자식의 지극한 효심으로 생각하면 될 것 같아. 효도란 부모님이 살아 계실 때 기쁘게 해 드리는 거라는 점도 잊지 말아야겠지.

조상을 모시는 제사

할아버지가 돌아가시고 몇 해가 지났어. 개똥이네 집에서는 해마다 할아버지가 돌아가신 날이 되면 제사를 지내. 돌아가신 날을 '기일'이라고 하고, 기일에 지내는 제사는 '기제'라고 해.

제삿날에는 가족이 모두 모이고, 제사 음식 준비로 분주해. 지글지글 전을 부치고, 오물조물 나물을 무치고, 싱싱한 과일을 준비하

제상: 해마다 죽은 이의 기일이 돌아오면 가족들은 기제를 지낸다. [사진제공 _국립민속박물관]

지. 제사에는 빠지지 않는 것이 있어. 그건 바로 밤, 대추, 감이야.

대추는 자손이 번성하라는 의미를 담고 있어. 대추는 꽃이 피면 반드시 열매를 하나는 맺고 떨어지기 때문에 나뭇가지마다 대추가 주렁주렁 열리거든. 이런 특성 때문에 대추를 제사에 꼭 쓰는 거야.

밤은 싹을 틔운 후에도 씨밤이 사라지지 않고 오랫동안 남아 있기 때문에 제사에 꼭 쓰여. 보통 씨앗은 싹이 트면 사라지는데, 밤은 그렇지 않은 것을 마치 조상과 후손을 이어 주는 것으로 여긴 거야.

제기 : 제삿날에는 정성껏 준비한 음식을 제기에 담았다.
[사진제공 _ 국립민속박물관]

감은 왜 쓸까? 감 씨를 심으면 싹이 나서 나무로 자라지만 그대로는 감이 열리지 않아. 그 나무에 감나무를 접붙여야만 감이 열리지. 그러니까 다른 감나무의 가지나 눈을 따다 붙여야 한다는 거야. 이건 사람이 그냥 자라기만 해서는 온전한 사람이 될 수 없음을 뜻해. 감나무에 접붙이기를 하듯 배우고 익혀서 반듯한 사람으로 자란다는 거지.

어때? 감, 밤, 대추가 제사상에 꼭 오르는 이유를 알겠지?

"제사는 정성이야. 좀 힘들어도 투덜대지 말고 정성을 다하도록 해."

"할아버지가 좋아했던 음식을 올리는 것도 좋을 거 같아요."

"그래, 그것도 좋은 생각이구나. 돌아가신 조상님을 생각하는 것이 제사니까 말이야."

제사에서 가장 중요한 것은 돌아가신 부모님, 조상님을 생각하는 마음이야.

옛날 가난했던 어떤 사람은 이렇게 제사를 지내기도 했대. 너무너무 가난했던 선비는 제삿날이 되어도 음식을 마련할 수가 없었어. 선비는 아버지의 이름이 적힌 위패를 들고 시장으로 나갔지. 선비는 과일 가게 앞으로 가서 주인이 눈치채지 못하게 조심스레 위패를 꺼내 들고는 '아버지, 여기 밤, 대추, 감이 있으니 드십시오'라고 말했어. 그러고는 고기 파는 곳에 가서 '아버지, 쇠고기와 돼지고기도 잡수세요'라고 말했지.

선비는 그렇게 장터 곳곳을 돌아다니며 제사 음식을 대신했대. 그랬더니 그날 밤 아버지가 꿈에 나타나 '아들아, 네 덕에 잘 먹었다. 네 정성을 알겠다' 하고 말씀하시더래. 가난한 선비의 효심에 재치가 더해진 이야기지.

옛사람들은 제사를 통해 부모님과 조상님께 효를 다하려 노력했어. 이런 모습을 자식들에게 보여 줌으로써 자식에게 효를 가르치기도 했지.

우리 집에 귀신이 살아요

너희들은 귀신을 본 적이 있니? 없어? 세상에 귀신 같은 건 없다고? 무슨 소리야! 개똥이는 집에서 귀신을 두 눈으로 직접 보기까지 했다는걸. 그것도 한두 번이 아니라고! 똥 누다가도 보고, 밤에 솥뚜껑에 앉아 있는 귀신도 봤다니까. 개똥이가 소스라치게 놀라 뛰어나가면 어른들은 허허 웃기만 하셔. 원래 집에서 귀신이랑 함께 사는 거라나 뭐라나.

　어른들 말씀으로는 귀신이 부엌에도 있고, 안방에도 있고, 지붕에도 있고……. 여하튼 집 안 구석구석에 있대. 산에도, 들에도, 하늘에도 있다고 해.

　게다가 귀신이 모두 나쁜 것만은 아니래. 집을 지켜 주기도 한다는 거야. 그게 말이 돼? 어떻게 그런 무서운 귀신이랑 같이 사느냐고!

우리 집 최고 귀신, 성주

얼마 전 개똥이네는 추수를 했어. 익은 곡식을 거두어들인 거야. 어머니는 농사를 지어 얻은 햅쌀을 제일 먼저 성주단지에 넣었어. 윤기가 나는 쌀이 보기만 해도 맛있어 보였는데, 개똥이 어머니는 그런 햅쌀을 아

주 정성스럽고 조심스럽게 단지에 담으셨지.

성주단지는 성주라는 신을 모시는 단지야. 성주는 개똥이네 집에 사는 신들 중에 최고의 신이고. 어른들이 귀신과 함께 산다고 하셨잖아. 그건 그냥 귀신이 아니라 집 곳곳을 살피고 돌봐 주는 신들을 말하거든. 난 또 귀신이랑 같이 산다고 해서 얼마나 놀랐다고! 진작 그렇게 말씀하시지!

아무튼 성주신은 집에서 일어나는 모든 좋은 일, 나쁜 일을 맡아 돌본다고 해. 그래서 사람들은 집을 지을 때 정성을 다해 성주신을 모시지. 집을 지어 대들보를 올리면 상량식이라고 해서 성주신을 집에 모시는 고사를 지내. 많은 사람들이 대들보나 안방, 대청 등에 성주신을 모셔.

성주신의 모습은 삼베나 한지에 무명실 혹은 명주실을 감아서 만들어. 이것을 집의 가장 중심인 대들보에 묶어 두는 거야. 이렇게 하면 높은 곳에서 성주신이 집안을 지켜 준다고 믿는 거지. 물론 성주신을 모시는 풍습은 지방이나 집안마다 조금씩 달라.

개똥이네 집에서는 성주단지로 삼은 항아리를 대청마루 한쪽에 두고 해마다 얻은 햅쌀을 담아 둬. 개똥이가 태어나기도 전부터 늘 해 오던 거래. 농사를 짓는 것은 무엇보다 중요한 일이기 때문에 쌀을 넣어 정성을 들인 거야.

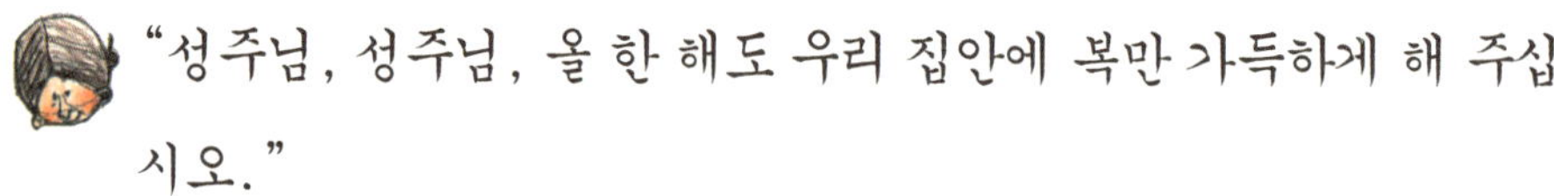

"성주님, 성주님, 올 한 해도 우리 집안에 복만 가득하게 해 주십시오."

"성주님, 우리 아이들 건강하게 자라게 해 주시고, 집안에 흉한 일 없게 돌봐 주세요."

"성주님, 우리 집에 아픈 사람 없게 나쁜 기운을 쫓아 주세요."

사람들은 오래전부터 집 안에서 일어나는 모든 일을 성주가 맡는다고 믿었어. 집의 평화, 건강, 농사, 부귀, 장수 같은 것들 말이야. 만약 집 안에 나쁜 기운이 가득해지면 성주신이 집을 빠져나간다고도 여겼어. 집을 지키는 성주신이 빠져나가지 못하게 하기 위해 정성을 다해 모셨지.

혹 나쁜 일이 계속되면 성주신이 나가고 없다고 여겨서 성주신을 다시 모시는 의식을 벌이기도 한단다. 사람들에게 집은 마음의 안식처이면서 자신을 지켜 주고 돌봐 주는 곳, 말 그대로 보금자리인 거야.

부엌의 우두머리, 조왕신

개똥이가 저녁이 다 되도록 밖에서 놀다가 집으로 돌아오는 때가 언제인지 아니? 그건 배가 고파졌을 때야. 밥 먹을 시간이 되면 어찌나 정확히 배가 고픈지!

집에 오면 개똥이 어머니가 부엌에서 저녁 준비를 하고 계시지. 그럼 개똥이는 '오늘 저녁은 무얼까?' 하고 코를 킁킁거리면서 부엌을 기웃 거리곤 해.

어머니가 부엌에서 음식을 만들고 치우는 것 외에 중요하게 여기며 하시는 일이 있어. 그건 바로 조왕신을 모시는 일이야. 조왕신은 부엌을 지키는 신이야. 부엌에서 집안일을 많이 하시는 어머니에게 조왕신은 어떤 신 못지않게 중요한 신이지.

어머니는 아침에 일어나면 제일 먼저 우물물을 길어다 조왕신에게 바치셔. 아궁이 위쪽에 조왕주발이라고 하여 밥주발 하나를 항상 올려 두 는데, 이 조왕주발에 이른 새벽에 길은 깨끗한 우물물을 떠다 두고 복을 비시지. '주발'이란 말이 낯설지도 모르겠네. 그건 그냥 놋쇠로 만든 밥 그릇을 말해.

"어머니, 여기 있는 물 마셔도 돼요?"

"아이고, 이 철없는 것아. 그것은 조왕님께 바치는 거야."

"에이, 나 목 마르다고."

"조왕님 역정 내실라. 어서 저리 비키렴. 비나이다, 비나이다, 조 왕님께 비나이다. 나쁜 기운 없애 주시고, 복을 주소서."

조왕신은 부엌에 있는 신이어서 물과 불을 다스리는 신으로 여긴단다. 부엌에서 아궁이에 불을 지피고 음식을 만들기 때문이지. 부엌을 주로 사용하는 여성과 가까운 존재로 생각해서 여성 신으로 여기기도 해. 조왕신을 조왕각시, 조왕할매라고도 부르지.

조왕신에 관해 아주 재미있는 이야기가 하나 있어. 조왕신은 1년에 한 번은 옥황상제에게 가서 그동안 집에서 일어났던 일들을 고해바친다고 해. 사람들은 조왕신이 어떤 이야기를 옥황상제에게 할지 긴장을 하지. 좋은 이야기를 전한다면 다행이지만, 나쁜 이야기를 전할 수도 있잖아.

걱정이 되는 사람들은 조왕신이 옥황상제에게 간다는 음력 11월 25일 혹은 24일에는 특별한 행동을 한단다. 조왕신을 모시는 아궁이에 갱엿을 발라 놓는 거야.

왜 엿이냐고? 엿은 끈적끈적하잖아. 엿이 조왕신의 입에 달라붙어 아무 말도 못하게 하려는 거지. 입이 달라붙은 조왕신은 옥황상제에게 가서 말을 전하지 못할 거 아니야? 그러면 벌을 받을 일도 없고 말이야.

정말 개구쟁이 같은 생각이지만, 그래도 무척 재미있지 않니? 이런 걸 보면 사람들은 집에 있다는 귀신을 믿고 의지하면서도 두려워하기보다는 가깝고 편한 존재로 여겼던 것 같아.

집터를 지키는 터줏대감

개똥이네 집 뒤뜰에는 터줏대감이 있어. 터줏대감은 터주를 높여 이르는 말이야. 터줏대감이라고 하면 흔히 어떤 무리에서 가장 오래전부터 있던 사람을 이르잖아. 사실은 터주에서 비롯된 말이야.

터주는 집터를 지키는 신이야. 그 집의 땅 말이야. 집집마다 뒤뜰이나 장독대 모퉁이에 터주를 모셔 둔단다.

터주는 보통 옹기나 질그릇 단지에 쌀을 넣고, 짚으로 엮은 뚜껑을 덮어서 만들어. 이것이 터주를 상징하는 몸이 되는 거지. 특히 짚으로 만들어 단지를 둘러싼 것은 터줏가리라고 불러서 터주를 나타내기도 해.

"어머니 뭐하셔요?"

"터줏대감에게 우리 집안의 액운을 걷어 달라고 빌었지."

"왜 늘 어머니만 터줏대감에게 빌어요?"

"이런 일에는 남자가 관여하는 게 아니란다. 터줏대감은 집안 살림을 하는 여자가 모시거든."

집에 있는 신들은 대부분 집안 살림을 하는 여자들이 모신단다. 어머니들은 가족을 돌보듯 집안 신들을 모셨지.

음력 10월이면 좋은 날을 잡아서 터주에게 제사를 지내기도 해. 터주에 담겨 있던 묵은 쌀을 꺼내고 새로 추수한 햅쌀이나 햇벼를 단지에 담지. 터주에서 꺼낸 쌀로 지은 밥은 가족끼리만 나누어 먹어. 그래야 복이 온다고 믿거든.

이때 단지를 덮고 있던 터줏가리를 불태우기도 해. 햅쌀을 바꾸어 담으며 터줏대감도 새롭게 단장을 하는 거야.

이처럼 사람들은 터주를 모시는 데에 정성을 다했어. 엄격하고 복잡한 격식을 차리기보다는 순박하게 정성을 다하는 것이었지.

마을 지킴이, 솟대와 장승

사람들이 믿고 의지해 온 것은 집을 지키는 신만은 아니야. 마을을 지키는 신도 있거든. 먼저 마을 입구에 한번 가 볼까?

마을 입구에 긴 나무 막대가 세워져 있어. 막대 가장 위에는 나무로 만든 새가 달려 있지. 이건 바로 솟대야. 솟대는 마을을 보호하는 수호신이야. 사람들은 왜 솟대가 마을을 지켜 준다고 믿는 걸까?

예부터 하늘을 믿고 따라온 사람들에게 하늘과 땅을 연결하는 것은 아주 중요한 일이었어. 솟대를 보면 아주 기다랗게 생겼잖아? 기다란 막대는 하늘에서 땅으로 내려오는 통로가 되는 거야. 막대 위에 달린 새는 땅과 하늘을 오가며 하늘과 인간을 이어 주는 역할을 한다고 믿었지.

솟대에 달린 새들은 대부분 오리 모양을 하고 있어. 오리는 땅과 하늘을 모두 다닐 수 있을 뿐 아니라 물에서 살기 때문에 다른 새들보다

도 소중하게 여겨 왔어. 물은 농사를 짓는 데 꼭 필요해서 물에 사는 오리는 풍년을 상징하지. 오리는 자식을 많이 낳는다고 여겨 이 또한 좋게 생각했어.

사람들은 솟대를 마을 입구나 마을과 마을의 경계에 세워서 마을 사람 모두가 평안하기를 기원한단다. 특별한 개인의 소망이 있는 경우에도 자기 집 앞이나 조상의 무덤 앞에 솟대를 세워. 신의 도움으로 소망을 이루고 좋은 일만 가득하길 바라는 거야.

장승은 마을에 질병이나 재앙이 못 들어오게 눈을 부릅뜨고 지키고 있다.

 "아앙아앙, 무서워."

 "뭐가 무섭다고 우는 거야?"

 "저거, 저거 무서워."

 "장승? 장승이 얼마나 고마운 건데. 잘 봐. 자세히 보면 얼굴도 우습게 생겼는걸."

마을 입구에는 장승이 서 있는 경우도 많아. 커다란 나무에 크고 둥근

눈을 새겨 놓아서 언뜻 보면 무서울 수도 있어.
장승은 마을에 질병이나 재앙이 못 들어오도록
눈을 부릅뜨고 지키고 있는 거야. 그러니까 무서운
존재가 아니라 고마운 존재이지.
  장승은 마을의 경계를 나타내기도 해. 장승 앞을
서로 만나는 약속 장소로 삼는 경우도 많단다.

고수레! 고수레!

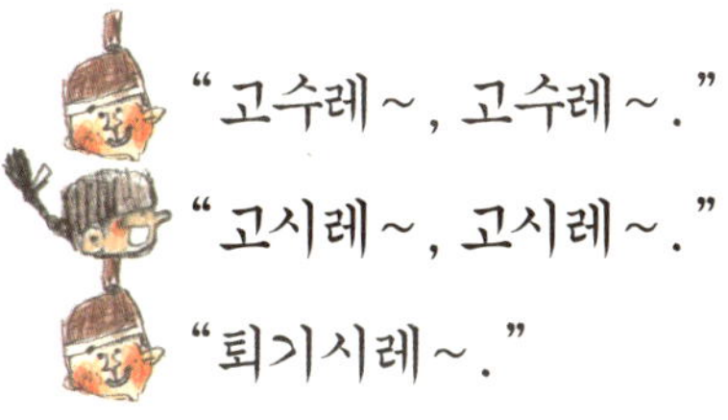

산에 나무를 하러 왔다가 점심을 먹으려던 사람들이 음식을 떼어 멀리 던지며 소리치고 있어. 사람들은 산과 들에서 음식을 먹을 때면 '고수레!' 하고 외치며 음식을 주위로 던지곤 해. 지방마다 조금씩 표현이 달라질 뿐 기본적은 것은 다르지 않아.

'고수레'라는 것은 음식을 일부 떼어 주위로 던지는 행동과 동시에 '고수레!'라고 소리를 치는 행동을 말해. 주위에 있을 신들에게 제물을 주어 감사의 마음을 전하고, 나쁜 기운이 깃들지 않게 해 달라고 비는 거야.

사람들은 어디에든 신이 있고, 그 신들이 자신에게 일어날 나쁜 일들을 막아 준다고 믿었어. 이건 우리나라 사람들이 예부터 모든 일에 감사하고 조심하는 마음을 가지고 있었음을 뜻하기도 해. 음식 하나를 먹을 때도 고수레하며 나눴으니 말이야. 이때 주변으로 던진 음식은 산이나

들에 사는 짐승들의 귀한 먹이가 되기도 해.

어머니들은 설거지한 물을 버릴 때에도 그 물이 뜨겁지는 않은지 손을 넣어서 확인하곤 해. 뜨거운 물이 냇가로 흘러 들어가면 냇물에 사는 생물이 죽을 수도 있기 때문이야. 자연을 존중하고 자연과 어울려 사는 마음이 생활 곳곳에 스며 있는 거지. 고수레도 잡신을 달래는 것에서 시작되었다 해도 그 속에는 짐승을 생각하는 마음이 담겨 있었을 거야.

그럼 고수레는 처음에 어떻게 시작이 되었을까? 고수레의 유래에 대해서는 여러 이야기가 있어.

먼 옛날 농사짓는 방법도 모르던 시절, 고시라는 사람이 사람들에게 농사짓는 방법을 가르쳐 주었다고 해. 사람들은 고시 덕분에 농사를 지어 잘 먹고 살게 되었지. 그 후부터 음식을 먹을 때 감사하는 마음을 담아 '고시네'라고 말을 했는데, 이게 점점 변해서 고수레가 되었다는 거야.

다른 유래도 있어. 지독하게 가난한 농부인 고 씨가 마을 사람들의 도움으로 겨우 목숨을 부지하다가 결국에는 죽고 말았대. 고 씨의 무덤은 들 한쪽에 만들어졌어. 일을 마치고 새참을 먹으려던 농부가 고 씨의 무덤을 보고는 고 씨네도 먹으라며 음식을 떼어 던진 것이 고수레의 시작이 되었다고도 해.

무엇이 진짜 유래이건 간에 모두 감사와 나눔의 마음을 담고 있어.

역사가
쉬워지는
우리 문화
교과서

초판 1쇄 인쇄 2013년 2월 28일
초판 1쇄 발행 2013년 3월 7일

글 김경선
그림 선원

펴낸이 김민송
펴낸곳 가방도서관

기획위원 김정대·김종선·김옥림
편집 김종훈·임소연
영업 전창열
디자인 강진영

주소 (우)121-250 서울시 마포구 성산동 275-56번지 교홍빌딩 203호
전화 070-8821-4312 **팩스** 02-6008-4318
이메일 fandombooks@naver.com
블로그 http://blog.naver.com/fandombooks

등록번호 제25100-2010-154호
ISBN 978-89-94792-58-9 13900

가방도서관은 팬덤북스의 자녀교육 및 청소년·어린이 교양 브랜드입니다.
*이 책에 실린 사진은 한국관광공사, 위키피디아, 국립민속박물관에서 제공했습니다.

아들!
딸!
아들!
딸!

딸!
아들!
딸!

아들!
딸!
아들!
딸!
!!!

딸!
딸!